Prix : 60 centimes.

AUTEURS CÉLÈBRES

CAMILLE FLAMMARION

L'ASTRONOMIE ET SES FONDATEURS

COPERNIC

ET LE

SYSTÈME DU MONDE

PARIS

LIBRAIRIE MARPON & FLAMMARION

E. FLAMMARION, ÉDITEUR

26, RUE RACINE, PRÈS L'ODÉON

L'ASTRONOMIE

ET

SES FONDATEURS

CHEZ LES MÊMES ÉDITEURS

(*Envoi franco contre mandat.*)

ŒUVRES DE CAMILLE FLAMMARION

Lumen (Collection des Auteurs célèbres) . . . . 0 fr. 60

Rêves étoilés (Même collection) . . . . 0 fr. 60

L'éruption du Krakatoa et les **tremblements de terre** (Même collection) . . . . 0 fr. 60

Astronomie populaire, ouvrage couronné par l'Académie française. Un beau volume gr. in-8° de 840 pages, illustré de 360 grav., 7 chromolit., cartes célestes, etc. Centième mille. 12 fr. »

Les Etoiles et les Curiosités du Ciel. Supplément de l'*Astronomie*. Un volume gr. in-8°, illustré de 400 gravures, cartes et chromolithographies. Cinquantième mille. . . . . 12 fr. »

Les Terres du Ciel. Voyage sur les planètes de notre système et description des conditions actuelles de la vie à leur surface. Ill. de photographies célestes, vues télescopiques, cartes et 400 figures. Un vol. gr. in-8. Cinquantième mille. 12 fr. »

Le Monde avant la Création de l'Homme. Origines du monde. Origines de la vie. Origines de l'humanité. Ouvrage illustré de 400 fig., 5 aquarelles, 8 cartes en couleur. Un vol. gr. in-8°. Cinquante-cinquième mille. . . . . . . 12 fr. »

L'Atmosphère. Météorologie populaire. Nouvelle édition, 1888. Un vol. gr. in-8°, ill. de 307 fig., chromolithogr., etc. 12 fr. »

Dans le Ciel et sur la Terre. Perspectives et Harmonies, illustrées de 4 eaux-fortes de Kauffmann. Un vol. in-18 5 fr. »

La Pluralité des Mondes habités, au point de vue de l'Astronomie, de la Physiologie et de la Philosophie naturelle, 35e mille. Un volume in-18 avec figures. — Prix. . . 3 fr. 50

Les Mondes imaginaires et les Mondes réels. Revue des Théories humaines sur les habitants des Astres. 22e édition. Un volume in-18 avec figures. . . . . 3 fr. 50

Dieu dans la Nature, ou le Spiritualisme et le Matérialisme devant la Science moderne. 24e éd. 1 fort vol. in-18 av. portrait 4 fr. »

Les Derniers jours d'un Philosophe. Entretiens sur la Nature et sur les Sciences, de sir Humphry Davy. Traduit de l'anglais et annoté. Un volume in-18. . . . . 3 fr. 50

Récits de l'Infini. Lumen. La Vie universelle. Histoire d'une comète, 13e édition. Un vol in-18. Couverture par Gustave Doré. . . . . 3 fr. 50

Uranie (Collection Guillaume). Illustrations de Bieler, Falèro, Gambard, Myrbach, Emile Bayard et Riou. 22e mille . . . . 3 fr. 50

Mes Voyages aériens. Journal de bord de douze voyages en ballon, avec plans topographiques. Un vol. in-18. . . . 3 fr. 50

Contemplations scientifiques. Première série, 1869. . . 3 fr. 50

Contemplations scientifiques. Deuxième série, 1887. . 3 fr. 50

Histoire du Ciel et des différents systèmes imaginés sur l'univers. Un volume in-8°. . . . . 9 fr. »

Les Merveilles célestes. Lectures du soir. 100 figures. Quarante-quatrième mille. . . . . 2 fr. 25

Petite Astronomie descriptive. 100 figures. . . . . . . 1 fr. 25

L'Astronomie. Revue mensuelle d'Astronomie populaire. Abonnement annuel. . . . . 12 fr. »

PARIS. — IMP. C. MARPON ET E. FLAMMARION, RUE RACINE, 26.

COPERNIC

COPERNIC ENSEIGNANT

(d'après le tableau de A. GERSON, de Varsovie).

L'ASTRONOMIE ET SES FONDATEURS

COPERNIC

ET LA

DÉCOUVERTE DU SYSTÈME DU MONDE

PAR

CAMILLE FLAMMARION

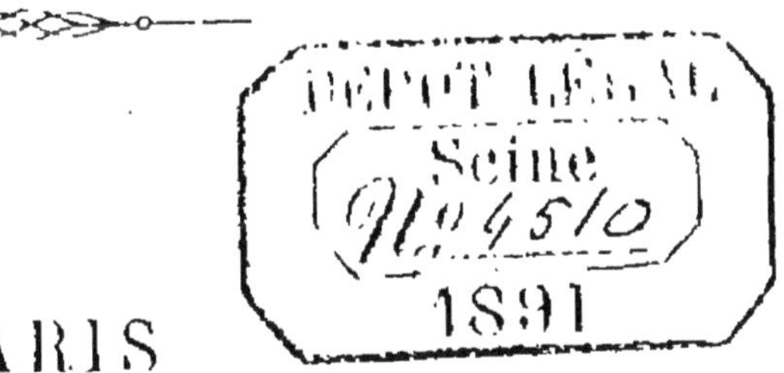

PARIS

LIBRAIRIE MARPON & FLAMMARION

E. FLAMMARION, SUCC^{r}

26, RUE RACINE, PRÈS L'ODÉON

PRÉFACE

Ce petit livre peut intéresser les hommes qui s'intéressent eux-mêmes aux progrès de l'esprit humain. Ceux que la Science laisse indifférents, et qui préfèrent le roman à l'histoire, les fables à la réalité, feront bien de ne pas même en lire la première page : ce n'est pas pour eux qu'il a été écrit.

COPERNIC

ET LE SYSTÈME DU MONDE

CHAPITRE PREMIER

ÉTAT DE L'ASTRONOMIE ET DES SCIENCES EN GÉNÉRAL A L'ÉPOQUE DE COPERNIC

Premières idées de l'humanité sur la situation de la Terre et sur le ciel. — Astronomie des anciens. — Système de Ptolémée. — Complication progressive du système jusqu'à Copernic. — Les astronomes du XVe siècle.

L'Astronomie, cette science sublime à laquelle nous devons de connaître la place que nous occupons dans l'univers et sans laquelle nous vivrions comme des aveugles au milieu d'un monde inconnu, est une science si intéressante en elle-même et si indispensable à la justesse de nos idées générales, que l'on peut s'étonner de ne la point voir encore absolument répandue dans toutes les classes de la société. Un bon moyen de la faire connaître et dignement apprécier serait peut-être de l'enseigner par la biographie de ses fondateurs.

Copernic, Galilée, Képler et Newton sont les véritables fondateurs de l'astronomie moderne.

Notre intention est d'écrire ici l'histoire de ces grands génies sous une forme populaire qui exposera la vérité scientifique en même temps que la vie et les travaux de ces hommes illustres. Nous commencerons aujourd'hui par le premier, par Copernic.

L'intérêt qui s'attache à la vie des esprits immortels auxquels l'humanité doit ses brillantes étapes dans la voie du progrès et de l'affranchissement provient de ce qu'en remontant à ces héros de l'histoire intellectuelle, nous apprenons à connaître l'état philosophique et social de l'époque qu'ils ont illustrée, et à mesurer d'une part le pas qu'ils ont fait faire, d'autre part la marche que nous avons continuée depuis. En étudiant ces hommes remarquables, avec plus d'indépendance et plus de justice que leurs contemporains n'ont pu le faire, nous apprécions directement l'action qu'ils ont exercée sur le développement des connaissances humaines, et les méthodes employées pour arriver à la découverte de la vérité. La vie personnelle d'un personnage historique, quelque glorieux qu'il puisse être, n'aurait qu'un intérêt de médiocre et stérile curiosité, si elle ne servait pour ainsi dire de cadre pour placer les faits qui constituent l'histoire, exposés dans leur activité vitale et tels qu'ils se sont accomplis. Aussi la vie de Copernic qui va se dérouler dans les pages suivantes n'est-elle pas seulement une biographie du célèbre réformateur du système du monde, mais plutôt un tableau comparé de l'astronomie ancienne et moderne, un exposé du travail par lequel le laborieux astronome substitua les éléments du véritable système du monde à l'édifice compliqué de l'ancien système des apparences.

Remontons d'abord aux premières idées que l'on a dû se faire sur la forme de l'univers, jugée d'après le seul témoignage des sens. Souvenons-nous de ce que nous pensions étant enfants; car l'humanité primitive était semblable à l'enfant ignorant et faible.

Le ciel paraît être une voûte bleue posée à l'horizon sur la Terre plate et circulaire. Nous nous voyons au milieu de ce disque de la Terre. Ainsi se croient les peuplades avant d'avoir voyagé : chacune d'elles se vante d'être au milieu du monde. A quelle distance le ciel touche-t-il l'horizon? La réponse reste vague, car de quelque côté qu'on marche, on n'arrive pas à cette limite apparente. Sur quoi la Terre repose-t-elle elle-même ? C'est ce que l'on ignore, et ce qu'on ose à peine se demander : on la suppose d'abord infinie en profondeur.

Bientôt, comme le Soleil, la Lune, les étoiles se lèvent, tournent au-dessus de nos têtes, se couchent, reparaissent de nouveau le lendemain à l'orient, on sent qu'un passage leur est absolument nécessaire *sous* la Terre. On suppose alors celle-ci, non plus plongeant des racines à l'infini, mais portée sur des montagnes, sur des colonnes, entre lesquelles les astres puissent passer. Mais, à leur tour, sur quoi reposeraient ces soutiens? On sent que la difficulté n'est que reculée, et comme en même temps se forme petit à petit l'idée que la voûte céleste tourne en 24 heures autour de nous, que les étoiles sont à égale distance de nous et attachées à cette voûte supposée solide, on finit par admettre que la Terre est un globe posé sans soutien au milieu de l'univers, et que la sphère céleste l'enveloppe tout autour.

Ce système des apparences est ensuite consolidé par les observations des navires en mer, qui confirment que la Terre est sphérique, puisque le navire, comme les montagnes du rivage, disparaît par le pied suivant l'éloignement. L'observation des étoiles qui descendent sous l'horizon au nord et des nouvelles qui apparaissent au sud quand le voyageur va de nos latitudes vers l'équateur, celle de l'ombre de la Terre, qui se dessine en cercle noir sur la lune éclipsée, ajoutent deux confirmations nouvelles à l'idée que nous habitons un globe placé au milieu de la sphère étoilée.

On remarque plus tard que quelques astres se déplacent parmi les étoiles. Le premier qu'on a remarqué est Vénus, la radieuse étoile du soir et du matin, dont le déplacement est sensible d'un jour à l'autre, et qui tantôt suit le soleil couchant, tantôt précède le soleil levant. Le second astre mobile qu'on a remarqué est Jupiter, la brillante étoile qui fait lentement le tour du ciel en 12 ans. On a observé ensuite un troisième astre errant, moins brillant que les deux précédents, mais parfois très éclatant, Mars, aux rayons rouges, qui fait le tour du ciel en 2 ans; puis un quatrième, Saturne, qui se meut à travers la sphère céleste avec une telle lenteur apparente qu'il n'emploie pas moins de 30 ans à en faire le tour. Plus tard, on remarqua encore un cinquième astre mobile, Mercure, qui paraît tantôt le soir à l'ouest et tantôt le matin à l'est, comme Vénus, mais est moins brillant, s'écarte moins du Soleil, et a été plus difficile à distinguer et à reconnaître. Ces astres furent nommés *planètes*, c'est-à-dire errants, par opposition au reste des étoiles, appelées *fixes* parce qu'elles restent toujours à la même place respective dans la voûte céleste.

Comme le Soleil retarde chaque matin sur les étoiles, et ne revient au même point du ciel qu'après 365 jours un quart, on l'avait supposé attaché à un cercle, distinct de la sphère étoilée, et en dedans de celle-ci, se mouvant de l'ouest à l'est en une année. La lune accomplit une révolution analogue en 27 jours 8 heures environ : on l'accrocha également sur un cercle placé plus près de la Terre et tournant dans cet intervalle; la combinaison de ce mouvement avec celui du soleil rendait compte de la série des phases, ou lunaisons, qui s'accomplit en 29 jours et demi. En outre de ces deux cercles, on en ajouta cinq pour les cinq planètes que nous venons de nommer, ce qui fit en tout sept cercles se succédant de la Terre au ciel dans l'ordre suivant : la Lune (27 jours), — le Soleil (365 jours) précédé par Mercure et Vénus dont on a souvent changé la position, — Mars (2 ans), — Jupiter (12 ans) — et Saturne (30 ans). — Tous ces cercles étaient en outre entraînés chaque jour avec la sphère céleste par le mouvement diurne de 24 heures.

On aura une idée de ce système par la figure ci-dessous (p. 15).

Cet arrangement de l'univers, cette *constitution* du monde physique (l'étymologie grecque du mot *système* veut dire constitution) représentait la nature terrestre et céleste telle que nous la voyons, et répondait entièrement au témoignage de la vue. On conçoit facilement que différents peuples soient arrivés séparément à se former la même image générale, et que l'astronomie d'observation une fois fondée par plusieurs siècles d'études, dans un pays privilégié, ait érigé cet ensemble en un système absolu, qui s'est transmis de génération en génération et de peuple à peuple. C'est ainsi qu'il se communiqua de l'Asie orientale, berceau de notre histoire, à la Chine, à l'est, d'une part; à la Chaldée et à l'Égypte, au sud-ouest, d'autre part. Dans la suite des siècles, la Grèce, artistique et intelligente, parvenue à un haut degré de splendeur, puisa en Egypte les mêmes principes, qu'elle développa et compléta par ses propres observations. De la nation royale illustrée par ses monuments gigantesques et ses hautes pyramides, la Judée reçut aussi le même système astronomique, dont Moïse et Job nous ont gardé des fragments, comme Hésiode et Homère l'ont fait d'autre part chez les Grecs.

L'astronome dont les études ont le plus contribué à établir sur une base solide le système des apparence est *Hipparque*, qui vivait au premier siècle avant notre ère. Ses observations nous sont encore aujourd'hui même d'un grand secours, et l'on ne s'en étonnera pas, si l'on réfléchit qu'une observation bien faite sert à l'astronomie moderne, fondée sur la réalité, aussi bien et mieux qu'à l'astronomie ancienne, fondée sur l'apparence. Nous devons entre autres à cet astronome d'avoir constaté que le Soleil n'est pas chaque année au même point du ciel au moment de l'équinoxe de printemps, mais recule successivement sous les étoiles, de telle sorte que les étoiles que nous voyons au sud, par exemple, à un instant quelconque de l'année, ne sont pas exactement à la même place l'année suivante, et que de même celles que nous voyons au nord se déplacent peu à peu, si bien que l'équateur d'une part, le pôle d'autre part, se meuvent lentement et font accomplir au ciel étoilé une révolution entière en 25 870 ans. C'est au mouvement

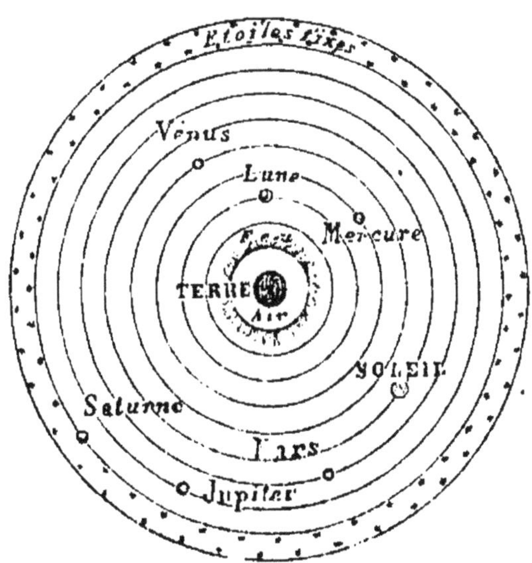

Le système primitif, dit de Ptolémée.

de la Terre que nous rapportons aujourd'hui cette grande révolution du ciel, nommée précession des équinoxes, que l'on supposait appartenir à la voûte étoilée elle-même. On en connaît maintenant la cause : ce mouvement séculaire est dû à l'attraction de la mer et du Soleil sur le renflement équatorial de notre globe. Ainsi les observations sur lesquelles on avait établi le système de l'immobilité de la Terre et du mouvement des cieux servent aujourd'hui à la théorie du mouvement de la Terre.

Aristote avait exposé et tâché de démontrer solidement le système des apparences. L'illustre précepteur d'Alexandre, aussi savant naturaliste que Buffon, a consacré sa vie à écrire une véritable encyclopédie des connaissances humaines. L'astronomie y occupe, comme de raison, la première place. Jusqu'au XVIe siècle, l'Europe, ou pour mieux dire les corps enseignants, ont reconnu Aristote pour grand maître, n'ont juré que par lui et n'ont voulu admettre que ce qui est écrit dans ses ouvrages. Il avait exposé, aussi clairement que possible, que la Terre se tient immobile au centre de l'univers parce que toutes les attractions s'y font équilibre, que c'est l'élément le plus lourd, et que tout objet lourd doit nécessairement tendre vers ce centre. Le mouvement général et particulier de toutes les sphères célestes provenait d'une source inépuisable inhérente à l'essence même du ciel le plus élevé, désigné sous le nom de Premier Mobile. Au delà des étoiles fixes et de ce Premier Mobile s'étendait la dernière et la plus vaste sphère, qui renfermait toutes les autres, et s'appelait l'*Empyrée*. L'univers était donc limité, renfermé véritablement dans cette dernière sphère immense, au delà de laquelle il n'y avait plus *rien*.

Cette représentation de l'univers a fait l'objet d'un livre spécial, le plus longuement vénéré des traités d'astronomie, de l'ouvrage décoré du nom d'*Almageste*, c'est-à-dire *le grand*, dû à Claude Ptolémée. Ce géographe astronome réunit toute l'astronomie ancienne complétée par les travaux d'Hipparque, et depuis son ouvrage, écrit au deuxième siècle de notre ère, on désigna sous son nom même l'ancien système du monde, qui s'appela et s'appelle encore *Système de Ptolémée*.

Les successeurs de Ptolémée admirent comme article de foi la croyance, si naturelle, du reste, en apparence, de la stabilité, de l'immobilité de la Terre au milieu de l'univers. Toute chose était classée à sa place et réglée pour toute la durée du monde. Deux éléments : la terre et l'eau, étaient distingués ici-bas; la terre, plus lourde, formait la base; l'eau de l'océan, des fleuves, flottait à la surface. Un troisième élément, plus léger que les deux premiers, enveloppait le globe : c'était l'air ou l'atmosphère. Au-dessus de l'air, un quatrième élément, le feu ou l'éther, le plus léger des quatre, formait une zone supérieure à l'atmosphère, où s'allumaient les météores. Au-dessus, venaient ensuite les cercles ou les orbes célestes, dans l'ordre indiqué plus haut. Au delà de ces sept cercles était placée la sphère des étoiles fixes, qui formaient ainsi le huitième ciel. Le neuvième était le Premier Mobile. Le dixième était l'Empyrée, base du séjour de la Divinité. Tout cet édifice était supposé construit en une substance transparente que l'on comparait à la glace ou au cristal de roche. Quelques esprits supérieurs seuls paraissent n'avoir pas admis à la lettre la solidité des cieux (Platon, par exemple); mais la plupart déclarèrent qu'ils étaient dans l'impossibilité de concevoir le mécanisme et le mouvement des astres si les cieux n'étaient pas formés d'une substance solide, dure, transparente et inusable. Comme détail intéressant, par exemple, on peut remarquer que le célèbre architecte Vitruve affirme que l'axe qui traverse le globe terrestre est solide, dépasse aux pôles sud et nord, repose sur des tourillons, et se prolonge jusqu'au ciel.

On voit d'autre part dans Plutarque que les anciens physiciens pensaient que les aérolithes étaient des morceaux détachés de la voûte céleste qui, soustraits à la force centrifuge, tombaient sur la terre par leur propre pesanteur.

Ce système paraît fort simple et en harmonie avec l'observation. Mais nous allons voir que l'accord n'était qu'apparent, qu'en examinant minutieusement les détails, ils s'écartaient de plus en plus de cette simplicité primitive, et qu'en définitive cet édifice ne devait pas pouvoir résister aux attaques de la discussion. En effet, pour que l'univers ainsi construit eût pu marcher, il eut fallu des conditions mécaniques qui n'existent pas; il eut fallu, par exemple, que la Terre fût plus lourde que le Soleil, — ce qui n'est pas; — qu'elle fût plus importante à elle seule que tout le système solaire, — ce qui est encore moins; — que les étoiles ne fussent pas à la distance qui nous en sépare; en un mot, pour que l'univers gravitât autour de nous, il eut fallu qu'il fût créé tout autrement qu'il n'est. Tel qu'il est, la Terre tourne forcément et obéit à plus fort qu'elle. On conçoit donc qu'à mesure que les observations astronomiques devinrent plus nombreuses et plus précises, la simplicité qui vient de se manifester à nous dans l'esquisse élémentaire précédente fut corrigée et augmentée de surcharges indéfinies. Voici les principales complications qui furent la suite du perfectionnement des études astronomiques.

Aristote et Ptolémée avaient déclaré, en compagnie de tous les philosophes d'ailleurs, que le cercle était la figure géométrique la plus parfaite, et que les corps célestes, divins et incorruptibles, ne pouvaient se mouvoir qu'en cercle autour du globe terrestre central.

Or la vérité est : 1° qu'ils ne tournent pas du tout autour du globe terrestre; 2° qu'ils circulent en compagnie de la Terre même autour du Soleil relativement immobile; 3° qu'ils se meuvent non pas suivant des cercles mais suivant des ellipses.

Les mouvements apparents des planètes que nous observons d'ici sont la résultante de la combinaison de la translation de la Terre autour du Soleil, avec celle de ces planètes autour du même astre.

Prenons pour exemple Jupiter.

Il circule autour du Soleil à une distance cinq fois plus grande que la distance de la Terre au même astre. Son orbite enveloppe donc la nôtre avec un diamètre cinq fois plus large. Il met douze ans à accomplir sa translation.

Pendant les douze années que Jupiter emploie à faire sa révolution autour du Soleil, la Terre a fait douze années, ou douze révolutions autour du même astre. Par conséquent, le mouvement de Jupiter vu d'ici n'est pas un simple cercle suivi lentement pendant douze ans, mais une combinaison de ce mouvement avec celui de la Terre. Si mon lecteur veut bien se donner la peine de tracer la figure : un point représentant le Soleil, un petit cercle autour à deux centimètres de distance, représentant l'orbite de la Terre, et un second cercle à dix centimètres représentant celle de Jupiter, il reconnaîtra facilement qu'en tournant autour du Soleil nous occasionnons un déplacement apparent de Jupiter sur la sphère étoilée devant laquelle il se projette. Ce déplacement a lieu la moitié de l'année dans un sens et la moitié de l'année dans un autre. C'est comme si l'orbite de Jupiter se composait de douze boucles. Pour rendre compte du mouvement apparent de Jupiter, les astronomes anciens n'avaient donc pu garder longtemps son simple cercle, mais s'étaient vu obligés de faire glisser sur ce cercle, dans un cours de douze ans, le centre d'un petit cercle sur lequel la planète était enchâssée. Ainsi Jupiter ne suivait pas directement son grand cercle, mais un petit qui faisait douze tours dans le même plan, tout en glissant le long du cercle primitif en une période de douze ans.

Saturne gravite en trente ans autour du Soleil. Pour expliquer ses marches et contremarches apparentes vues de la Terre, on avait semblablement ajouté à son orbe un second cercle dont le centre suivait cet orbe et dont la circonférence portant la planète enchâssée tournait trente fois sur elle-même pendant la révolution entière.

Ce second cercle reçut le nom d'*épicycle*.

Celui de Mars était plus rapide que les précédents. Ceux de Vénus et de Mercure étaient beaucoup plus compliqués.

Voilà donc une première complication du système circulaire primitif. En voici maintenant une seconde.

Puisqu'en réalité les planètes suivent des ellipses, elles sont plus près du Soleil en certains points de leur cours qu'en d'autre points. Et puisque toutes les planètes, y compris la Terre, se meuvent dans des périodes différentes autour du Soleil, il en résulte que chaque planète est tantôt plus proche tantôt plus éloignée de la Terre elle-même. En certains points de son orbite, par exemple, Mars est plus de quatre fois plus éloigné de nous qu'en d'autres points.

Or il a fallu, pour rendre compte de ces variations de distance, modifier les cercles primitifs. Comme on voulait conserver la figure circulaire, on supposa que les cercles suivis par chaque planète avaient pour centre, non pas précisément le globe terrestre lui-même, mais un point situé en dehors de la Terre et tournant lui-même autour d'elle. On voit facilement que par ce stratagème une planète, soit Mars, par exemple, décrivant une circonférence autour d'un centre situé à côté de la Terre, se trouve plus éloignée de la Terre en une certaine partie de son cours, et plus proche dans la partie opposée. Le centre réel de chaque orbite céleste ne coïncidait avec le centre de la Terre que par le subterfuge du second centre mobile autour duquel elle s'effectuait.

Ce nouvel arrangement mécanique a été désigné sous le nom de système des *excentriques*.

Ces épicycles et ces excentriques furent successivement inventés, modifiés et multipliés, selon les besoins de la cause. A mesure que les observations devenaient plus précises, il fallait en ajouter de nouveaux pour représenter plus exactement les mouvements célestes. Chaque siècle ajoutait son nouveau cercle, son nouvel engrenage au mécanisme de l'univers, si bien qu'au temps de Copernic, au commencement du seizième siècle, il y en avait déjà un nombre inextricable d'emboîtés les uns dans les autres.

Ajoutons que les astronomes et savants officiels de l'époque permettaient à peine qu'on mît la main à cet édifice séculaire. D'après Aristote et son école, une ligne de démarcation naturelle séparait le ciel de la Terre. La Terre, avec ses quatre éléments, était le séjour du changement; le ciel, à partir du cercle de la Lune, était immuable et incorruptible. Les mouvements célestes étaient réglés par des lois qui leur étaient propres, et n'avaient aucun rapport avec celles qui gouvernent la Terre. En tirant ainsi une ligne de démarcation entre la mécanique céleste et la mécanique terrestre, la philosophie plaçait l'une hors du champ des recherches expérimentales; elle empêchait les progrès de l'autre, en posant des principes fondés sur des remarques incomplètes, qui ne méritaient pas même le nom d'observations. L'astronomie continua, en conséquence, pendant des siècles, d'être une pure science de souvenirs où la théorie n'entrait pour rien, si ce n'est pour essayer de concilier les inégalités des mouvements célestes avec une prétendue loi de révolution circulaire et uniforme qu'on regardait comme seule compatible avec la perfection du mécanisme céleste.

De là une masse informe, contradictoire, de mouvements hypothétiques du Soleil, de la Lune, des planètes, en cercles dont les centres étaient placés dans d'autres cercles qui l'étaient eux-mêmes dans d'autres, et ainsi de suite, jusqu'à ce qu'enfin, l'observation devenant plus exacte et les épicycles se multipliant sans cesse, l'absurdité d'un système si confus devint palpable. On exprima des doutes; et les sarcasmes d'Alphonse de Castille (1252) leur donnèrent une force qu'ils n'eussent pas obtenue sans cela, à une époque où si peu d'hommes osaient penser librement. Ce monarque, qui laissa sa couronne pour l'astrolabe et oublia la Terre pour le ciel, avait osé dire en pleine assemblée d'évêques que si Dieu l'avait appelé à son conseil lorsqu'il créa le monde, il lui aurait donné de bons avis pour le construire d'une manière moins compliquée!

Mais ce ne furent que des esprits supérieurs et indépendants qui entrevirent dans la complication croissante du système de Ptolémée un témoignage contre sa réalité. Les philosophes péripatéticiens émettaient dans cette discussion l'argument singulier reproduit plus tard par le jésuite astronome Riccioli dans son essai de réfutation des dialogues de Galilée. Objecterons-nous au système de Ptolémée que des milliers d'étoiles tourneraient autour de nous avec une régularité bien difficile à comprendre chez des corps indépendants les uns des autres? Que leurs mouvements diurnes devraient être rigoureusement proportionnés à la distance? Que la grosseur du Soleil par rapport à notre globe est une preuve presque irrécusable du mouvement de ce dernier corps? etc. Riccioli nous répondra: « qu'il y a des intelligences dans les étoiles; que plus il est difficile d'expliquer le mouvement du ciel, plus la grandeur de Dieu se manifeste dans le phénomène; que la noblesse de l'homme est supérieure à celle du Soleil; qu'il importe peu à l'homme, pour lequel tout a été fait, que des milliers d'étoiles tournent autour de lui, etc... »

Des arguments de cette force ne demandent pas, à leur tour, une longue réfutation aujourd'hui. Cependant ils tenaient en suspens des esprits laborieux, et l'habitude d'admirer ce système du monde sans discussion le faisait conserver dans les écoles, malgré toutes les complications anti-naturelles dont il était échafaudé.

On peut dire qu'avant cette grande époque de la fondation de l'astronomie moderne la philosophie naturelle, dans l'acception que ce mot doit avoir, existait à peine. Si nous examinons les philosophes grecs des premiers âges, dont nous pouvons apprécier d'une manière positive, quoique très restreinte, les connaissances scientifiques, nous sommes frappés du contraste qu'il y a entre la subtilité qu'ils ont déployée dans la discussion, les prodigieux succès qu'ils ont obtenus dans les raisonnements abstraits, l'admirable sagacité dont ils ont fait preuve dans les sujets purement intellectuels, et le peu de soins qu'ils apportaient dans l'étude de la nature extérieure. Ils tiraient, dans certains cas, les conclusions les moins logiques de principes de généralisation fondés sur des faits peu nombreux et mal observés : dans d'autres, ils se prévalaient avec une légèreté inconcevable de principes abstraits qui n'existaient que dans leur imagination; ils employaient de simples formes de mots qui ne se rapportaient à rien dans la nature et dont cependant ils déduisaient comme d'autant de données d'axiomes mathématiques, tous les phénomènes et les lois qui les régissent. Ainsi, par exemple, ils étaient convaincus que le cercle devait être la plus parfaite des figures, ils en concluaient naturellement que les révolutions des corps célestes devaient se faire suivant des cercles exacts et avec des mouvements uniformes, et si l'observation établissait le contraire, il ne leur venait pas dans l'esprit d'élever des doutes sur le principe. Loin de là, ils ne songeaient qu'à sauver leur perfection idéale, et, pour y parvenir, il n'est sorte de combinaisons de mouvements circulaires qu'ils n'imaginassent.

Dans cette guerre de mots, l'étude de la nature était négligée, et la patiente, la modeste recherche des faits, considérée comme indigne d'un sage. L'erreur radicale de la philosophie grecque fut d'imaginer que la méthode qui avait donné de si beaux résultats en mathématiques était applicable en physique, et qu'en partant de notions simples, de notions presque évidentes ou d'axiomes, on pouvait tout décider. Aussi voit-on ceux qui la cultivent, constamment occupés à raisonner ou à déraisonner sur ces prétendus principes. L'un fait du feu la matière essentielle et l'origine de l'univers; l'autre adopte l'air; un troisième trouve la solution et l'explication de tous ces phénomènes dans le το απειρον ou l'infini; un quatrième les voit dans le το όν et le το μη όν, c'est-à-dire dans l'entité et la non-entité. Enfin, un philosophe qui devait commander deux mille ans à l'opinion décida que la *matière*, la *forme* et la *privation* devaient être considérées comme les principes de toutes choses.

Cette manière de perdre son temps métaphysiquement sous prétexte de faire de la science dura dans les écoles depuis l'antiquité jusqu'à Copernic, et retarda trop longtemps l'avénement des sciences exactes. L'astronomie d'observation progressait néanmoins chez les Arabes et sous l'école d'Alexandrie; mais il devenait stérile et à peu près impossible de s'occuper de théorie et de tendre au but même de la science, qui est de nous faire connaître la nature. Ajoutons néanmoins, pour ne pas être accusé d'ingratitude envers l'antiquité et le moyen âge, que très certainement, sans les travaux anciens, la science moderne n'existerait pas. On est petit avant d'être grand. C'est grâce aux observations et aux explications antiques que l'on a pu constater l'insuffisance des hypothèses et en imaginer de meilleures.

Il nous faut arriver jusqu'aux quinzième et seizième siècles pour assister à l'établissement de la méthode expérimentale, pour trouver des savants indépendants, s'élevant à la connaissance de l'univers, et nous apparaissant dans cette aurore des temps modernes comme les précurseurs de l'immortel astronome avec lequel nous allons bientôt entrer en relations.

George Purbach, le premier astronome de la renaissance scientifique, né à Purbach en 1423, mort en 1461, fut conduit, au milieu du XVe siècle, à rétablir textuellement les cieux solides des anciens. Quoiqu'il ait reçu personnellement du cardinal de Cusa l'invitation de réfléchir sur la possibilité du mouvement de la Terre, qui, comme nous le verrons, avait été deviné dès l'antiquité, il ne devait pas être le rénovateur du système du monde et de la philosophie naturelle, mais devait en laisser le mérite aux Copernic, aux Galilée, aux Képler. Il devenait si difficile d'expliquer les routes des planètes, qu'il se crut obligé de pousser l'ancien système jusqu'en ses dernières conséquences matérielles. Il enseigna donc des *cieux solides* de cristal. Il fit plus : au lieu de supposer chaque planète attachée à la surface de sa propre sphère de cristal, il imagina qu'elle se mouvait entre deux sphères semblables et concentriques, comme entre deux murs, disait-il, qui l'empêchaient de sortir de son orbite. Ces cieux solides étaient en forme de croissants, et excentriques, de manière que la révolution de chaque planète avait une partie de sa circonférence plus rapprochée de la Terre, et l'autre plus éloignée, ce qui expliquait les variations observées dans l'éclat des planètes suivant qu'elles sont périgée ou apogée.

Jean Muller, né à Kœnigsberg en 1436, surnommé pour cela Régiomontanus, mort en 1476, et qui succéda à Purbach dans sa chaire d'astronomie de Vienne, compléta les observations de son maître, et devint rapidement plus célèbre que lui par ses travaux et par l'éloquence de ses cours. Au mois de février 1472 il observa la première comète qu'on ait astronomiquement observée en Europe. Ramus rapporte qu'il avait construit une mouche de fer, laquelle, étant lâchée à table, volait autour des convives et revenait sur la main, et un aigle automate qu'il fit voler au devant de l'Empereur. Rapporter ces fables, c'est les réfuter, dit Bailly. Qui sait, cependant? Peut-être y avait-il là des essais mécaniques relatifs à la navigation aérienne. Schonner déclare qu'il était partisan du mouvement de la Terre.

Fracastor, né à Vérone en 1483, mort en 1553, travailla en même temps que Copernic à expliquer le système du monde, mais en poussant, comme Purbach, à ses extrêmes conséquences l'hypothèse ptolémaïque. Eudoxe et Callippe avaient supposé dans l'antiquité que 56 sphères de cristal étaient nécessaires pour représenter dans leurs combinaisons diverses tous les mouvements planétaires. C'était déjà beaucoup. Fracastor, à force d'en ajouter, atteignit le nombre de 79! Les mouvements et les inégalités étant mieux connus, le rouage devenait encore trop simple, et il fallait ajouter de nouvelles roues à la machine. Fracastor donne 6 sphères aux étoiles, 17 à Saturne, 11 à Jupiter, 9 à Mars, 4 au Soleil, 11 à Vénus, 11 à Mercure, enfin 7 à la Lune.

Toutes ces sphères étaient concentriques l'une à l'autre. Il n'y avait plus d'excentriques, et les variations d'éclat des planètes étaient expliquées en supposant que les rayons lumineux passaient à travers des milieux plus ou moins denses, remplissant l'espace. On voit que cette complexité était déjà une sorte d'acheminement vers la simplicité des cercles de Copernic. Il faut d'ailleurs louer Fracastor d'avoir rejeté absolument les âmes qu'on avait accordées aux astres pour les conduire à travers les chemins du ciel.

Tandis que les astronomes faisaient leurs derniers efforts pour expliquer le mieux possible les mouvements célestes, sans s'écarter de la vieille hypothèse de l'immobilité de la Terre, l'immortel Christophe Colomb découvrait le Nouveau-Monde, le globe terrestre se dévoilait sous toutes ses faces aux regards de la science aventureuse, et l'esprit humain en connaissant désormais directement, et par expérience, la sphéricité du globe et son isolement dans l'espace, acquérait l'élément le plus essentiel pour se préparer à concevoir son mouvement.

Par une heureuse coïncidence, les plus grands événements de la marche historique de l'humanité se sont rencontrés en cette même époque. Le réveil de la liberté religieuse, le développement d'un sentiment plus noble de l'art, et la connaissance du véritable système du monde, ont signalé, concurremment avec les grandes entreprises maritimes, le siècle de Colomb, de Gama et de Magellan. Copernic avait atteint sa vingt et unième année, et faisait des observations à Cracovie, avec l'astronome Albert Brudzewski, lorsque Christophe Colomb découvrit l'Amérique. Dans l'année qui suivit la mort du grand navigateur, nous le retrouvons à Cracovie, occupé à bouleverser toutes les idées reçues en astronomie, après un séjour de six ans dans les villes de Padoue, de Bologne et de Rome. L'année 1543, qui vit paraître son immortel traité *de Revolutionibus orbium celestium*, vit paraître aussi celui de Vésale : *de Corporis humani fabrica*, qui créait l'anatomie humaine.

Le système des apparences, l'opinion de l'immobilité du globe terrestre et du mouvement des cieux régnait donc, comme nous venons de le voir, il y a seulement trois siècles, de 1500 à 1600, du temps de François Ier, des Médecis et de Henri IV, ce qui n'est pas très éloigné de notre époque actuelle ; c'est elle aussi, cette idée simple et vague, qui règne encore dans l'esprit ignorant des populations de l'Europe actuelle, car aujourd'hui même, sur cent personnes prises dans toutes les classes, il n'y en a que quelques-unes qui aient compris que la Terre tourne et qui en soient sûres, et il n'y en a peut-être pas deux qui se rendent exactement compte de la vitesse de son mouvement de translation et des effets de son mouvement diurne.

En réfléchissant aux conditions mécaniques du système des apparences que nous venons d'esquisser, Copernic arriva à penser que ce système si compliqué et si grossier ne devait pas être divin, ne devait pas être naturel, car tout, dans la nature, est extrêmement simple. Après trente années d'études, il fut convaincu qu'en attribuant à la Terre un double mouvement, l'un de rotation sur elle-même en vingt-quatre heures, l'autre de translation autour du Soleil en trois cent soixante-cinq jours un quart, on explique tous ces mouvements célestes pour lesquels on avait dû fabriquer ces innombrables cercles de cristal.

Le système de Copernic est représenté ici dans toute sa simplicité et d'après un *tracé autographe* de la main de Copernic lui-même (*). Le Soleil est au centre du monde, la Terre tourne en un an autour de lui, et sur elle-même en vingt-quatre heures; elle est accompagnée de la Lune. Entre la Terre et le Soleil circulent Mercure et Vénus. Au delà de la Terre circulent Mars, Jupiter et Saturne. La sphère immobile des étoiles fixes enferme le système du monde.

L'ingénieux astronome s'éleva à la connaissance du plan général de la nature, révéla son opinion aux savants ses contemporains, et la publia avant de quitter cette terre. Depuis 1543, époque de la mort de Copernic et de la publication de son grand ouvrage, les astronomes ont

(*) *Autografi di Niccolò Copernico, raccolti et ordinati*, dal Dr Arturo Wolynski. — Florence, 1879.

confirmé, prouvé définitivement et établi pour toujours cette opinion, d'abord hardie et au-

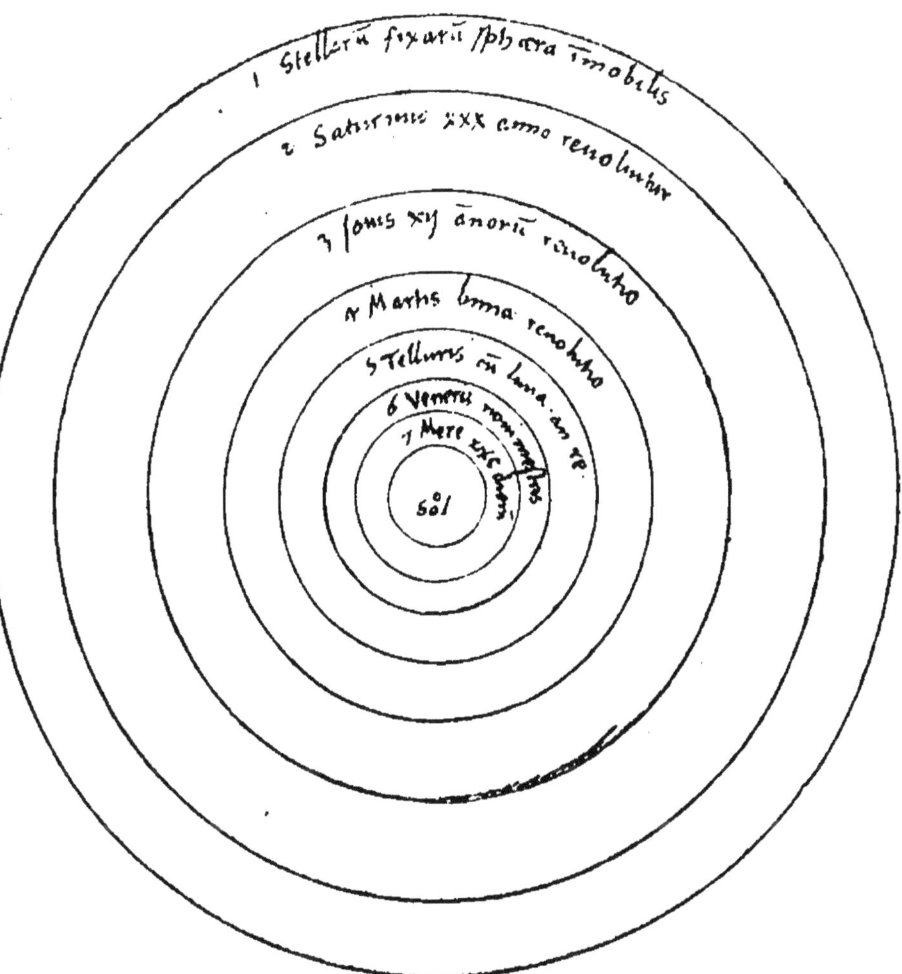

Le système de Copernic (fac-similé de la main de Copernic).

jourd'hui si simple du mouvement de la Terre. Nous allons ici constater nous-mêmes comment cette belle connaissance du véritable système du monde a été acquise, et quelle part Copernic a prise à son établissement.

CHAPITRE II

NAISSANCE DE COPERNIC

Sa famille. — Son enfance. — Ses goûts. — Son éducation. — Influence des premières années sur la vie. — Valeur personnelle des hommes.

Dans cette biographie de l'illustre fondateur de l'astronomie moderne, il est assez difficile de séparer l'homme du savant. Il est, du reste, plus agréable de les suivre l'un et l'autre dans cette longue carrière, de reconnaître le cœur et l'esprit de l'individu, d'étudier l'œuvre scientifique du contemplateur de la nature. En voyant sa vie se dérouler, nous apprécierons l'ensemble de son œuvre, nous constaterons la place unique qu'il occupe dans l'histoire des sciences, nous mesurerons la grandeur du service qu'il a rendu, du pas qu'il a fait faire au progrès de l'humanité. Intéressons-nous dès à présent aux détails de sa vie personnelle; essayons de faire une connaissance aussi intime que possible avec cet homme éminent et sage.

Nicolas Copernic naquit à Thorn, en Pologne, le 19 février 1473 (*), sous le règne de Casimir IV

(*) C'est la date la plus probable de sa naissance. L'humanité, qui n'a pas encore conscience de son existence intellectuelle et ne comprend pas encore ses véritables intérêts, célèbre

Jagellon. Son père était un honnête *boulanger* de la ville, membre du conseil municipal. Son grand-père était un bourgeois notable de Cracovie, originaire de Bohême, mais établi à Cracovie depuis l'an 1396. La mère de Copernic, nommée Barbe Wasselrode, était d'une ancienne famille polonaise et sœur de l'évêque de Warmie.

Nicolas Copernic est donc Slave par ses ancêtres et Polonais par sa naissance. Presque tous ses biographes, depuis Gassendi jusqu'à notre siècle, l'appellent Allemand, et Fontenelle même le présente sous d'assez vives couleurs lorsqu'il dit à sa marquise : « Figurez-vous un Allemand, nommé Copernic, qui fait main-basse sur tous ces cercles et sur tous ces cieux solides qui avaient été imaginés par l'antiquité. Il détruit les uns, il met les autres en pièces. Saisi d'une noble fureur d'astronome, il prend la Terre et l'envoie bien loin du centre de l'univers, où elle s'était placée, et dans ce centre il y met le Soleil, à qui cet honneur était bien mieux dû... ; et pour la punir du long repos qu'elle s'était attribué,

sur tous les tons la prétendue gloire des conquérants qui la spolient et l'ensanglantent ; mais elle néglige les bienfaiteurs qui s'incarnent ici pour son progrès et son salut. Pour Copernic, dit Humboldt, on ne sait s'il naquit le 19 janvier 1472 ou le 19 février 1473, comme le veut Mæstlin, ou le 12 février de la même année. — La date de la naissance de Christophe Colomb a longtemps flotté dans un intervalle de 19 ans ; Ramusio la place en 1430 ; Bernaldès, qui fut l'ami de Colomb, en 1436 ; enfin l'historien Munoz en 1446. — Képler ne paraît pas être né comme on le croit vulgairement, le 21 décembre 1571, à Weil, mais dans un village de Wurtemberg, à Magstat, le 27 décembre 1571. — Ce n'est que 600 ans après la mort de Jésus-Christ qu'on songea à fixer la date de sa naissance, et que l'on établit l'ère chrétienne.

il la charge le plus qu'il peut de tous les mouvements qu'elle donnait aux planètes et aux cieux. » Cette présentation est fort brillante; seulement, au lieu d'un Allemand, c'est un fils de l'infortunée Pologne qu'il faut admirer. C'est à tort que le roi de Bavière a fait placer Copernic parmi les illustrations allemandes dans le temple de Walhalla, près de Munich. C'est à tort surtout que les Prussiens ont revendiqué son nom, eux qui, possédant aujourd'hui ces contrées par la conquête, ont si peu respecté sa mémoire qu'ils ont laissé tomber en ruines sa demeure et son observatoire et laissé perdre tous les souvenirs qui lui avaient appartenu!

Thorn, aujourd'hui ville forte de Prusse, sur la rive droite de la Vistule (11 000 habitants), est une ancienne ville libre et hanséatique. Elle tomba au pouvoir de l'ordre Teutonique, qui y signa en 1466 un traité par lequel il se reconnaissait vassal de la Pologne. Elle faisait partie de la province polonaise nommée Masovie. C'était une ville commerciale et animée. Le jeune Copernic alla d'abord, comme tous les enfants de la ville, à l'école de Saint-Jean; « mais il paraît, dit son biographe polonais, Czynski, qu'au lieu de s'amuser le soir avec ses camarades, il était déjà singulièrement studieux, et à son retour à la maison travaillait à apprendre les langues latine et grecque. » On a souvent plaisanté de ces remarques faites sur la plus tendre enfance des hommes devenus célèbres, et il est vrai qu'on a également des exemples tout à fait contraires, de profonds génies qui n'ont pas manifesté la moindre supériorité sur leurs voisins pendant leur enfance et même leur jeunesse. Cependant, quoique bien des enfants précoces n'arrivent à rien de bon pendant leur vie, il est permis de relever ces tendances en quelque sorte natives, lorsqu'elles ont inauguré une vie laborieuse et philosophique, comme dans le cas de Copernic.

Nous avons tous en nous une faculté prédominante; l'instruction élémentaire du premier âge met déjà en évidence nos goûts distinctifs; et ladite faculté, bien dirigée, doit nous donner la carrière dans laquelle nous réussirons le mieux. Chacun peut faire son chemin dans la vie. Plus on commence tôt et mieux cela vaut. Avec de la réflexion, de la volonté et de la persévérance, il est rare qu'on se trompe. « La vie n'est pas un plaisir, ni une douleur, a dit Alexis de Tocqueville, mais une affaire grave dont nous sommes chargés et qu'il faut conduire et terminer à notre honneur. »

A l'âge de dix ans, Copernic eut le malheur de perdre son père. Dès lors, son oncle, Luc Wasselrode, évêque de Warmie, prit soin de lui et lui fit compléter ses études. Ces années de jeunesse se passèrent dans l'étude des langues anciennes et des lettres, selon la coutume. On a conservé de lui une élégante traduction latine des épitres de Théophylactus. Il se forma un style pur et méthodique, doué parfois d'un grand charme littéraire, quand le sujet se prête à l'éloquence, comme nous en jugerons bientôt. Nous pouvons remarquer à ce propos que quoique l'enseignement des langues mortes tienne encore aujourd'hui beaucoup trop de place dans les huit années de classe de nos lycées, au détriment des connaissances positives qui constituent le principal lot de l'humanité, cependant il ne serait pas bon, par une exagération contraire, de les supprimer entièrement. Nos langues modernes dérivent des anciennes. Pour écrire purement, il est indispensable de connaître les étymologies, et pour avoir des idées générales il est utile de s'être formé le goût dans la société des grands esprits.

A l'âge de dix-huit ans, l'oncle de Copernic l'envoya à l'université de Cracovie pour y étudier la médecine. C'était là d'abord la carrière à laquelle il pensait se destiner. Il fut inscrit au nombre des élèves de cette célèbre université sous la dénomination de « Nicolaus Nicolaï de Thorunia ». Son temps, principalement consacré aux leçons qui devaient lui donner le doctorat, fut aussi partagé entre l'étude de la philosophie et celle des mathématiques. Bientôt même, par un goût de plus en plus développé, cette dernière étude empiéta sur les deux autres. L'université de Cracovie, alors dirigée par Mathieu de Kobylin, comptait parmi ses professeurs, à la chaire d'astronomie, le célèbre Albert Brudzewski, professeur dont l'ouvrage *Commentaria utilissima in theoricis planetarum* est l'un des plus savants traités d'astronomie publiés à cette époque. C'est à son cours que le jeune Copernic sentit se révéler sa véritable vocation et s'allumer son enthousiasme pour la divine science du ciel. Cependant il termina ses études médicales, et reçut le bonnet de docteur.

Telles furent l'enfance et l'adolescence de celui qui devait prouver le véritable système du monde. Dans ses recherches sur Copernic, un professeur de l'université de Varsovie,

Krzyrzanowski, nous apprend que le nom primitif de la famille du grand astronome était Koppirnig. A la fin du XIVe siècle, les aïeux de Copernic, arrivés de la Bohême, s'établirent à Cracovie. Dans le livre du conseil municipal de l'ancienne capitale de la Pologne, *Acta consularia cracoviensia*, et qui commence en 1392, on trouve parmi les habitants arrivés de la Bohême auxquels a été accordé le droit de bourgeoisie, le nom de *Nicolas Kopernik*, grand-père de l'astronome. Dans le même acte, le bourgeois Dambrowa, habitant ancien de Cracovie, d'origine Bohême, se portait garant de l'identité et de la personne de Nicolas Kopernik, assurant qu'il arrivait de Bohême. L'étymologie polonaise du mot Koppirnig, transformé par les temps en Copernic, signifie humilité, humble (*).

La famille de Copernic avait des rapports continuels avec Cracovie et Thorn, ce qui fut cause sans doute que le fils de Nicolas Copernic, né à Cracovie en 1420, choisit pour sa résidence la ville de Thorn, où se trouvait une partie de sa famille. En 1464, il épousa Barbe Wasselrode,

(*) La véritable orthographe du nom du fondateur de l'astronomie moderne serait *Kopernik*, car en polonais *Copernic* se prononcerait *Tsopernis*. Nous pensons cependant que le véritable nom scientifique et historique de l'immortel astronome est celui sous lequel il a écrit et a été connu, c'est-à-dire *Copernicus*, lequel, traduit du latin en français, est devenu *Copernic*. Plusieurs biographes reviennent à l'orthographe de la famille : il nous semble que ce changement tardif est tout à fait inutile. Il en est de même pour Képler, dont le nom de famille est Keppler, mais qui s'étant fait connaître en latin a toujours été écrit Keplerus ou Képler. Nous n'appelons pas Galilée *Galileo*, et celui qui prononcerait *Nioutonn* au milieu d'un public français ne rappelerait pas l'illustre et classique Newton. Gardons les noms tels que la gloire les a consacrés dans chaque pays.

sœur de l'évêque de Warmie, et reçut en dot une maison dans la rue Sainte-Anne. Ce fut dans cette maison qu'en 1473, naquit son fils l'astronome qui fut nommé Nicolas, comme son grand-père. En 1465, son père fut nommé conseiller de la ville de Thorn, et mourut en 1483 (*).

Copernic est donc fils d'un boulanger polonais. Son successeur dans l'histoire de l'astronomie, Tycho-Brahé, était de la plus ancienne noblesse du Danemark. Or voyez la différence : le boulanger prit à cœur de faire instruire son fils, dès ses premières années. Le père de Brahé au contraire, d'une noblesse qui regardait comme inutile et indigne d'elle d'apprendre à lire et à écrire, refusa même de faire enseigner le latin à son fils. Ils devinrent tous deux savants et célèbres, mais *par leur travail personnel.*

La science n'était pas alors aussi répandue qu'elle l'est de nos jours; mais ceux qui pressentaient son intérêt et se faisaient une éducation scientifique travaillaient plus sérieusement qu'on ne le fait aujourd'hui. Nous pouvons remarquer que la valeur du savoir ne consiste pas tant dans l'étendue de ce qu'on sait que dans le bon usage que l'on en peut faire. D'où il suit qu'un peu de science exacte et de bon aloi est, au point de vue pratique, un bien mille fois plus précieux que les connaissances superficielles les plus étendues. Quant à cette affirmation banale que de nos jours *la science, comme l'esprit, court les rues*, elle contient sans doute une petite portion de vérité; mais il faudrait ajouter que cette vulgarisation de la science se fait sur une sur-

(*) Czynski, *Copernic et ses travaux.*

face si étendue et que la couche qu'elle pénètre est si peu profonde, qu'elle ne sert guère qu'à révéler la masse compacte d'ignorance sur laquelle elle repose. Jamais, il est vrai, on ne lut tant qu'aujourd'hui, mais jamais on n'étudia relativement moins; de sorte que l'on voit tous les jours s'accroître le nom de ceux qui savent un peu de tout, mais rien complètement. Et, comme le dit Samuel Smiles, l'on a fort bien comparé les lecteurs de cette espèce à ces couteaux qui, outre la lame ordinaire, ont une lime, une scie, une vrille, un tournevis, un tire-bouchon et une paire de ciseaux, mais le tout d'une si petite dimension qu'il n'est nécessaire que d'avoir besoin de s'en servir pour en reconnaître l'inutilité.

Si nous voulons réellement acquérir une véritable valeur intellectuelle, nous devons prendre le parti de nous appliquer au travail avec l'ardeur soutenue dont firent preuve nos prédécesseurs; car le travail est et sera toujours la seule source de tout savoir. Il faut donc non seulement travailler avec énergie et résolution, mais savoir attendre les résultats du travail avec patience. Notre éducation n'est jamais finie. « Etre occupé », disait le poète Gray, « c'est être heureux. » — « Mieux vaut s'user que se rouiller », disait aussi l'évêque Cumberland.

Il n'y a, en fin de compte, pas plus de mérite à posséder une intelligence naturellement supérieure, qu'il n'y en a à hériter d'une riche succession. La simple possession des matériaux du savoir est quelque chose de très différent de la sagesse et de l'intelligence, celle-ci ne pouvant être le fruit que d'un développement bien supérieur à celui que peuvent produire de simples lectures, qui trop souvent ne font que nous amener à recevoir passivement et sans grand effort, pour ne pas dire sans aucun effort intellectuel, les pensées d'autrui.

Il faut donc reconnaître que le principal objet de l'éducation n'est pas de nous bourrer l'esprit des pensées d'autrui et de faire de nous de simples récipients d'impressions qui nous sont plus ou moins étrangères, mais de développer notre intelligence individuelle, et de nous amener à être, autant que possible, dans la sphère où nous sommes appelés, de vaillants et utiles travailleurs.

Ainsi, Copernic, fils d'un boulanger polonais, devint le premier savant de son siècle.

Newton était fils d'un petit propriétaire de Grantham en Angleterre; Laplace est né dans la cabine d'un paysan de Beaumont-en-Auge près de Honfleur; Képler était fils d'un cabaretier allemand; Herschel était fils d'un pauvre musicien... Par leur travail personnel, par leur bon sens, par la réflexion et l'ordre, ces hommes sont parvenus à se placer au-dessus des rangs les plus élevés de la société, au-dessus des titres de noblesse les plus sonores, au-dessus des trônes eux-mêmes. Malgré les persécutions, Galilée a dominé son siècle. Malgré les rebuts décourageants de ses premiers examinateurs, Arago s'est élevé rapidement au premier rang de la science française. Malgré la ruine de son père, Lagrange est devenu le premier mathématicien de son époque. Il serait facile de suivre, dans la carrière de chaque astronome éminent, l'œuvre d'une volonté constante écartant tous les obstacles pour suivre son droit chemin. Il ne serait pas plus difficile de faire les mêmes observations dans la vie de tout homme qui s'est acquis une réputation légitime et durable, fondée sur le progrès et la reconnaissance de l'humanité. Nous verrions Christophe Colomb, Pierre Ramus, Bernard Palissy, Conrad Gessner, Sixte-Quint, Shakspeare, Ambroise Paré, Dupuytren, Vauquelin, d'Alembert, Sir Humphry Davy, Faraday, Franklin, Voltaire, Rousseau, Molière, et bien d'autres, sortis d'une condition médiocre, et, par une judicieuse direction de leur intelligence, par un bon emploi du temps, avoir servi plus que tous les millionnaires du globe à accroître le bien-être de l'humanité et à l'élever dans sa destinée spirituelle.

Je viens de parler des millionnaires : avoir un million de rentes n'est pas un mal en soi, quoiqu'un capital de vingt millions, ou même seulement sa rente, paraisse bien difficile à porter. La valeur de cette situation sociale dépend de l'emploi qu'on en fait. En général elle est perdue pour le progrès intellectuel de la société, parce que les hommes *d'esprit* sont rares, aussi bien dans les plus hauts rangs de la finance que dans les rangs de la bourgeoisie ordinaire et du peuple; c'est pourquoi les millions en question sont souvent employés d'une manière absurde, et au grand détriment de la société, où il y a encore aujourd'hui tant de misère physique et morale. Si l'on compare à l'utilité de ces gigantesques fortunes l'utilité des savants laborieux, on constate l'immense supériorité de ceux-ci. Voilà les véritables bienfaiteurs de l'humanité, les véritables princes, les véritables rois du monde! Ils nous ont élevés au-dessus de l'animalité, ils ont porté la force intellectuelle au-dessus de la force brutale, ils ont fait dominer l'esprit sur la matière, tandis que les guerriers ont fondé leur puissance sur des batailles, sur la force matérielle, sur le sang des hommes. L'humanité, encore enfant, est encore ingrate, et célèbre ces faux grands hommes tandis qu'elle se rappelle à peine les noms de ses bienfaiteurs, qui lui ont donné tout ce qu'elle possède aujourd'hui. Mais elle commence à se rendre compte de ses véritables intérêts, et déjà se sent mieux disposée à écouter la vie des savants célèbres que celle des conquérants et des courtisans.

En lisant la vie de ces hommes éminents, nous remarquons que non seulement ils ont servi au bonheur des autres, mais encore qu'ils ont su en général se rendre heureux eux-mêmes par l'organisation de leur existence. Franklin, fils d'un teinturier de Boston, né dans l'indigence et l'obscurité, et qui devint membre de tous les corps savants d'Europe et fonda avec Washington l'indépendance de l'Amérique, gagna sa fortune et sa gloire en suivant des préceptes qu'il s'était imposés lui-même. Il s'était fait un petit cahier, dont chaque page portait ces préceptes : Tempérance — silence, — ordre — résolution — frugalité — industrie — probité — justice — modération — propreté — tranquillité — chasteté — humilité. Cette classification des règles d'une morale véritablement usuelle, ne recommandant point de renoncer aux penchants de la nature, mais de les bien diriger ; ne conduisant point au dévouement, mais à l'honnêteté; préparant à être utile aux autres en se servant soi-même; propre de tous points à former un homme et à le faire marcher avec droiture et succès dans les voies ardues et laborieuses de la vie; cette classification, dit M. Mignet, n'avait rien d'arbitraire pour Franklin. Elle lui fut singulièrement utile. Lorsqu'il avait manqué à l'un des préceptes, il faisait une petite croix sur son livret et s'efforçait de se corriger. Nul n'est parfait en ce monde. Il raconte lui-même qu'il commit surtout quatre *errata*, qu'il répara du mieux qu'il le put. Sa vie est un modèle de travail, de probité et de réussite. La méthode d'examen que le grand législateur des États-Unis avait imposée à sa conduite, nous la retrouvons, sous diverses formes, dans la vie des savants profonds, dont toutes les actions importantes sont dues à de longues réflexions. Cette conduite de l'âme, tout homme qui veut mériter de s'estimer soi-même et d'être estimé d'autrui doit la mettre en pratique, pour juger ses propres œuvres et améliorer sa situation intellectuelle et matérielle.

L'une des qualités qui servent le plus au bonheur et que l'on doit s'efforcer de posséder, est certainement celle que Franklin résumait par son XIe précepte : « *Tranquillité.* — Ne vous laissez pas émouvoir par des bagatelles ou par des accidents ordinaires et inévitables. » — Il y a des gens qui sont toujours malheureux parce qu'ils ne savent pas être tranquilles, se tracassent de tout, voient les choses en noir, pensent à leurs voisins au lieu de travailler, et en disent toujours plus de mal que de bien, les petites médisances donnant un certain sel aux conversations mal fournies. Les trois quarts du genre humain sont malheureux parce qu'ils ne savent pas s'imposer cette qualité. Copernic nous offre l'un des plus grands exemples de la pratique de cette maxime. L'envie s'essaya inutilement à le mordre, comme le serpent à la lime; les ennemis de son repos, les chevaliers teutoniques dont il divulguait les rapacités, l'ont attaqué sans parvenir à lui être désagréables; les savants de son époque, dont il démolissait l'enseignement, n'ont pas troublé sa quiétude, parce qu'il opérait son œuvre de destruction avec douceur. Bien des théologiens auraient pu s'effaroucher de sa tendance à remplacer le système de Ptolémée et des Pères de l'Église par une théorie diamétralement contraire, et lui préparer une vieillesse tourmentée : il mourut tranquille dans son lit, lui le plus grand des révolutionnaires, parce que dans son espérance convaincue de voir la vérité s'imposer d'elle-même, il ne chercha même pas à la montrer à ceux qui avaient des raisons pour fermer les yeux et la contester.

Il n'est pas jusqu'au bonheur qui ne puisse devenir une affaire d'habitude. On peut, en effet, s'accoutumer à voir tout en beau, comme on peut s'accoutumer à voir tout en laid. Le docteur Johnson a été jusqu'à dire, à ce propos, que l'habitude de voir les choses par leur beau côté vaut mieux pour un homme que vingt-cinq mille francs de rente. Or, comme nous possédons à un très haut degré le pouvoir d'exercer notre volonté, de manière à diriger nos pensées sur les objets qui peuvent être pour nous une source de plaisir et de progrès plutôt que sur leurs contraires, il en résulte que, de cette façon, nous pouvons cultiver l'habitude des heureuses pensées, tout aussi bien que nous en pourrions cultiver une autre. Or, développer en soi un heureux naturel, un franc caractère, une aimable disposition d'esprit, vaut peut-être encore mieux que de se perfectionner dans quelque science et dans quelque art d'agrément que ce soit.

Les mœurs et les coutumes, qui donnent à la vie sa couleur, sont bien autrement importantes que les lois, qui ne sont qu'une de ses manifestations. La loi, en effet, nous touche par quelques points, mais les mœurs et les coutumes nous touchent partout et pénètrent le milieu social comme l'air ambiant que nous respirons. Les bonnes manières, comme nous les appelons, ne sont ni plus ni moins que l'affabilité de la conduite. Elles sont l'expression de la courtoisie et de la bienveillance, et la bienveillance est l'élément prépondérant dans toutes les relations sociales, où les hommes peuvent mutuellement trouver plaisir et profit. Comme on l'a dit, la politesse ne coûte rien et achète tout (*).

Si nous voulions seulement laisser la nature agir avec sa bonté naturelle, libre d'affectation et d'artifice, les trésors de bonne humeur et de bonheur dont elle comblerait la société seraient incalculables.

Mais, au lieu de vivre heureux et tranquilles, les hommes se sont organisés socialement pour être constamment tourmentés. L'humanité adore les idoles et le veau d'or au lieu de respecter la vérité. Ce sont les ambitieux politiques, les grands parleurs, imperturbables « poseurs, » qui obtiennent en général la gloire et la renommée ; ce sont les conquérants qui désolent les nations

(*) Samuel Smiles, *Self Help*.

et ensanglantent la Terre, à qui l'humanité est le plus empressée de dresser des statues. Elle se rend malheureuse elle-même par sa propre stupidité. On se bat constamment, par l'épée ou par la parole, on s'envie mutuellement, de peuple à peuple et d'homme à homme, et l'on ne sait pas encore vivre *avec esprit.*

Cependant, ce ne sont ni les conducteurs d'armées, ni les beaux discoureurs qui nous ont rendu les meilleurs services; au contraire, ce sont les savants silencieux, astronomes, physiciens, chimistes, physiologistes, mécaniciens, chercheurs divers, penseurs, etc., à qui nous sommes le plus redevables; n'est-ce pas eux qui nous ont appris ce que c'est que l'univers et ce que nous sommes nous-mêmes? qui nous ont affranchis des superstitions et des terreurs de l'ignorance? qui nous ont donné la nourriture, les animaux domestiques, la maison, le fer, le verre, le télescope, le microscope, la connaissance des plantes et des animaux, de l'air et de l'eau, tout ce que nous avons et tout ce que nous savons, les canaux, les routes, les chemins de fer, le télégraphe, les navires, la possession de la mer?... En un mot, n'est-ce pas sur leurs travaux immortels que nous nous sommes élevés au-dessus de l'animalité, et que le règne de l'intelligence a été établi sur la Terre?

De tout temps il y a eu, sur notre planète, ce contraste entre la matière et l'esprit, entre la prétendue politique qui use et la science qui crée. Les annales qui gardent pour la postérité les faits et gestes des nations sont presque uniquement composées jusqu'ici des relations de conquêtes ou de défaites, et le bronze s'est plutôt laissé mouler pour rappeler aux fils les personnages qui ont fait verser le sang des pères. L'homme sérieux et réfléchi qui s'est instruit dans la science de la nature sent que le jour viendra où toutes ces apparences mensongères s'évanouiront devant la sagesse grandissante des peuples; mais il se dit aussi qu'elles ne pourront disparaître et que l'humanité ne sera vraiment grande que le jour où l'instruction étant devenue générale, chacun saura se rendre compte de sa situation physique et morale, de son rang intellectuel, de ses devoirs et de ses droits.

A la fin du quinzième siècle, à l'époque de la naissance et de la jeunesse de Copernic, il y avait comme aujourd'hui des Etats qui s'étaient laissé ouvrir les quatre veines pour couvrir les trônes de lauriers; alors, comme aujourd'hui, il y avait aussi des hommes de talent qui perdaient leur temps en de vaines disputes, et des habiles qui savaient faire servir toutes les situations au triomphe de leur avidité personnelle. Voyez plutôt :

Le siècle de Copernic est ensanglanté par l'épouvantable guerre civile des deux Roses en Angleterre, qui laisse cent mille victimes sur le terrain; par les batailles de Charles le Téméraire; par les conquêtes de Bajazet; par les débordements d'Alexandre VI Borgia. On voit Savonarole brûlé en place publique à Florence; Michel Servet brûlé par Calvin pour avoir usé de la liberté d'examen proclamée par celui-ci; Henri VIII consommer un schisme général par passion pour une femme qu'il fait périr ensuite sur l'échafaud, et se débarrasser successivement de ses cinq épouses. A cette époque, Soliman II saccage l'Asie et l'Europe orientale jusqu'à Vienne; Charles-Quint inonde de soldats l'Europe occidentale; l'intolérance dogmatique couvre de bûchers et de sang les plaines de France, d'Angleterre, d'Espagne et d'Italie; et jusque dans les régions inexplorées du Nouveau-Monde, c'est par millions que l'on compte les malheureuses victimes de l'ambition politique et du fanatisme religieux. Tel est l'ensemble général. Si nous voulions pénétrer dans les détails, nous remarquerions entre autres la guerre de Danemark, où tant de troupes furent noyées (1500), les désastres des Français en Italie (1503), cent mille Russes exterminés chez les Tartares de Cazan (1505), la guerre sanglante entre l'Ecosse et l'Angleterre (1513), les égorgements fantastiques des Mameluks par les Turcs (1517), la Suède couverte d'échafauds (1520), le siège acharné de Rhodes (1522), la guerre des anabaptistes en Allemagne (1526), le fameux siège de Vienne, où quatre-vingt mille Turcs expirent (1529), les courses de Barberousse (1534), les protestants brûlés en Écosse (1539), les corsaires et le siège d'Alger par Charles-Quint (1541), le bombardement de Nice (1543); nous remarquerions aussi toutes les batailles de François Ier, et nous verrions, dans l'année qui suivit celle où il reçut la dédicace respectueuse du livre de l'immortel astronome, le pape Paul III Farnèse créer pour son fils naturel, Pierre-Louis Farnèse, le duché de Parme et Plaisance qui va ramener l'ambitieux Charles-Quint et la guerre en Italie, etc., etc.

Mais, pensée consolante, pendant qu'un si grand nombre d'existences humaines s'écoulaient inutilement ou funestement, il y avait quelques travailleurs de la pensée qui, semblables aux agriculteurs qui labourent, cultivent et sèment, préparaient le pain de l'esprit dont les siècles futurs devaient se nourrir. Gutemberg mourait quatre ans avant la naissance de Copernic, après avoir donné au monde l'admirable invention de l'imprimerie. Christophe Colomb parvenait à travers mille obstacles à franchir l'Océan qui nous sépare du Nouveau-Monde ; le navire de Magellan faisait pour la première fois le tour du globe ; et tandis que la forme et la grandeur de la Terre étaient devinées par la studieuse curiosité humaine, Copernic travaillait patiemment à établir la situation de ce mondicule dans l'espace et son rang dans l'univers.

CHAPITRE III

JEUNESSE DE COPERNIC

Étudiant en médecine à Cracovie. — Sa vocation astronomique se décide. — Son voyage à Rome et son séjour en Italie. — Premières recherches astronomiques. — Le Travail.

Nous avons laissé le jeune Copernic étudiant en médecine à l'université de Cracovie, et nous avons vu que, malgré sa prédilection pour les mathématiques, il avait terminé ses études médicales et s'était fait recevoir docteur.

Gassendi nous apprend que sa passion pour l'astronomie se décida au cours du professeur Albert Brudzewski, dont le cours public fut bientôt complété pour lui par des leçons particulières, et que ce professeur lui apprit à se servir de l'astrolabe pour faire lui-même des observations astronomiques.

Tout en étudiant la philosophie et la médecine, le jeune Copernic ne négligeait pas le cours du savant astronome. Il devint avec Jacques de Kobylin, Waposki, Szadecki, Ilkuski, le disciple le plus assidu aux leçons de mathématiques. Le professeur distingua le jeune élève, le rendit témoin de ses expériences et lui expliqua l'usage des instruments. Le goût qu'il avait pour les mathématiques, l'intérêt que lui portait son professeur engagèrent Copernic à se livrer avec une grande ardeur à l'astronomie. Il se créa un plan d'études, résolut de terminer ses cours à Cracovie, et ensuite de visiter Rome et les universités d'Italie. Les voyages étaient encore en Europe le couronnement des études dans les classes supérieures, comme ils étaient le complément de l'apprentissage dans les classes d'artisans; et l'Italie passait, à juste titre, pour un des pays les plus propres à éveiller l'imagination ou à perfectionner le goût par la magnificence et la variété des sites, par la beauté du ciel, par la grandeur des souvenirs historiques et la splendeur des arts. Pour tirer tout le parti de ce voyage, il fallait connaître la peinture afin de conserver le souvenir des contrées qu'il devait explorer et pour dresser les cartes et les plans qu'il jugerait nécessaires. Fidèle à cette résolution; il consacra à la peinture tout le temps qui lui restait libre après ses études de médecine et d'astronomie. Bientôt il put non seulement reproduire les paysages, mais encore arriver à faire des portraits d'une parfaite ressemblance (*). C'est Gassendi qui nous rapporte ce fait. En le consignant ici, je ne puis m'empêcher de remarquer que mon excellent ami et bien regretté, l'astronome Goldschmidt, me confia souvent la même réflexion, assurant que l'aptitude au dessin est une des conditions essentielles de la vocation astronomique. Goldschmidt était à la fois peintre et astronome, et pour découvrir le changement de position des planètes télescopiques au sein des

(*) Gassendi, *in vitâ Copernici.*

étoiles voisines, comme pour reproduire les observations d'astronomie physique, il usait continuellement de son jugement et de son talent de dessinateur.

Lorsque Copernic eut achevé ses études, il quitta Cracovie et retourna à Thorn. Il y passa quelque temps auprès de sa mère et de son oncle; puis il partit pour l'Italie. Il avait alors vingt-trois ans.

Il s'arrêta d'abord à Padoue. Là, il suivit des cours de philosophie et de médecine, et y fut couronné, à la fin de la troisième année, par le professeur Nicolas Teatinus. Jean Czynski, qui rapporte ce fait, ajoute que dans les archives de la section médicale de l'Université de Padoue, il est mentionné, sous la date de 1499, que le professeur Teatinus mit sur la tête de l'élève polonais les deux couronnes de philosophie et de médecine.

A cette époque, il régnait dans tous les esprits d'élite une activité inquiète qui les poussait vers les régions de l'inconnu. Des conceptions grandioses, des aspirations ardentes exaltaient les âmes. L'invention de l'imprimerie, la découverte du Nouveau-Monde et les merveilles qu'on en racontait, la face nouvelle que commençaient à prendre sensiblement les connaissances humaines, tout contribuait à exciter les imaginations et à faire naître ou à développer des talents qui, dans un autre siècle, seraient restés peut-être à jamais engourdis.

Il y avait alors à Bologne, un professeur qui enseignait l'astronomie avec beaucoup d'éclat. C'était Dominique Maria, de Ferrare. Pendant son séjour à Padoue, Copernic fit plusieurs fois le voyage de Padoue à Bologne pour le voir et l'entendre. Doué d'une rare intelligence et passionné pour la vérité, le jeune Polonais fut facilement admis dans l'intimité de l'astronome italien, charmé d'avoir un tel auditeur.

Apprécié par Dominique Maria à sa juste valeur, Copernic fut jugé digne d'occuper une chaire à l'Université de Rome, et il obtint, en 1499, à l'âge de vingt-sept ans, la place de professeur de mathématiques au milieu de la capitale du monde chrétien (*).

Doué d'un remarquable talent d'exposition, le jeune professeur attira autour de sa chaire un auditoire nombreux et choisi. La manière brillante dont il fit son cours et les succès qu'il obtint rappelaient ceux dont Regiomontanus avait joui précédemment. Il faisait ses leçons d'astronomie d'après l'*Almageste* de Ptolémée, et comme il aimait à exposer avec méthode et clarté les principes établis par le célèbre astronome d'Alexandrie, il y revenait fréquemment et les examinait avec toute l'attention dont il était capable. Il soupçonna bientôt que ces principes étaient trop compliqués et s'éloignaient trop de la simplicité ordinaire des lois de la nature, pour être admis comme vrais. La meilleure situation pour pénétrer le mécanisme d'une science est d'être obligé de l'analyser clairement dans un cours public ou dans des conférences.

Copernic habita l'Italie pendant sept ans, de l'année 1496 à l'année 1502. Là, quand l'astre du

(*) C'est dans cette fonction que le représente le tableau dont nous avons donné la figure au frontispice.

jour est descendu sous la mer empourprée, un long crépuscule flotte dans le ciel du soir. Les bruits s'éteignent. Une brise parfumée glisse le long des collines distribuées par étages, l'horizon lointain se développe dans sa transparence, et la brillante étoile du soir étincelle de tous ses feux. Combien de fois le jeune philosophe venu du nord en ce doux climat dirigea-t-il ses promenades solitaires vers ces beaux spectacles du ciel d'Italie ? Combien de fois son regard rêveur suivit-il le disque flamboyant du Soleil descendant lentement sous l'horizon liquide, — du Soleil dont il devait reconnaître et fixer pour toujours la situation réelle au milieu du système planétaire ! Combien de fois revint-il songeur au milieu de ses livres, après avoir contemplé la marche apparente des mouvements célestes et salué chaque étoile brillante qui s'allumait au-dessus du silencieux crépuscule ? Parfois la nuit devient profonde et comme infinie. Le ciel se parsème d'astres sans nombre. La Voie lactée se développe comme une poussière de pierreries. Sirius, Aldébaran, Orion scintillent, tandis qu'au loin la mer apaisée ne laisse entendre qu'un doux murmure. Alors l'âme contemplative quitte la terre obscure et inerte. Comme le papillon aérien se pose sur une fleur légère sans la flétrir, ainsi l'âme doucement se pose sur une étoile, et sur une autre. et plus loin encore, sans fatigue, et, si petite dans l'univers, infiniment petite dans l'infiniment grand, elle voyage cependant parmi les fleurs célestes, goûtant à l'une et à l'autre. Doux nectar des étoiles, tu transportes l'âme dans les hautes sphères de la splendeur, tu la purifies des altérations de la matière terrestre, tu la nourris d'une céleste substance? Rayons stellaires qui traversez les espaces éternels, vous nous montrez l'immensité de l'univers, vous nous éclairez sur notre véritable situation, vous nous apprenez à nous connaître nous-mêmes. Porté sur vos ailes infatigables, l'esprit voyage sans fin parmi les merveilles de l'intarissable création, contemplant, jugeant, admirant, l'œuvre complexe et permanente de la nature.

C'est au milieu du tiède climat d'Italie, sous le ciel lumineux du midi, environné des sites luxuriants de Padoue ou des monuments antiques de Rome, que le jeune et studieux mathématicien sentit se développer sa vocation astronomique. La théorie l'occupa dès cette époque beaucoup plus que la pratique. Cependant on a de lui un certain nombre d'observations faites pendant son séjour en Italie, et surtout depuis son retour dans sa patrie. En 1496, il observa à Bologne, en compagnie du professeur Dominique Maria, une occultation d'Aldébaran par la Lune. Au mois de novembre de l'année 1500 il observa à Rome une éclipse de Lune. Nous avons de lui d'autres observations d'éclipses faites en 1511, 1522 et 1523, des observations de Mars faites en 1512, 1518 et 1523, une observation de Vénus en 1529, des observations de Saturne faites en 1514, 1520 et 1527, et de Jupiter en 1520, 1526 et 1529. Ces observations n'avaient pas pour but d'étudier la constitution physique des planètes, car les lunettes n'étaient pas encore inventées, mais de fixer leur position exacte dans le ciel. Nous avons également de Copernic des observations d'étoiles fixes destinées à établir aussi leurs positions sur la sphère céleste, à les comparer à celles de Ptolémée, et à en tirer des conclusions sur l'obliquité de l'écliptique, la précession des équinoxes, et les mouvements apparents du ciel.

On a dit que Copernic a rencontré à Rome le célèbre astronome Regiomontanus, et que cette rencontre l'avait encouragé dans sa vocation astronomique (*). On a même avancé trop légèrement, à ce propos, que dans ses conversations avec l'illustre savant, il s'attira son estime et eût avec lui d'utiles entretiens. C'est ainsi que s'écrit l'histoire : les auteurs copient leurs prédécesseurs, sans se donner le temps de remonter aux sources premières. Or la vérité est que Regiomontanus était mort depuis l'année 1476, époque où Copernic n'avait pas trois ans. C'est en 1475 que Jean Muller, né à Kœnigsberg, et surnommé pour cela Regiomontanus (traduction latine du nom de ville précédent), fut appelé à Rome par Sixte IV pour s'occuper de la réforme du calendrier, laquelle ne fut faite qu'un siècle plus tard, sous Grégoire XIII. L'année suivante, il fut assassiné à Rome même, par les fils d'un auteur dont il avait trop vivement critiqué les ouvrages : par les fils de Georges de Trébisonde, qui avait publié une traduction de l'*Almageste* émaillée de fautes relevées par Regiomontanus.

(*) J'ai été bien étonné de retrouver cette erreur dans l'ouvrage du savant et érudit M. Bertrand, secrétaire perpétuel de l'académie des sciences et membre de l'Académie française. Il y a là quelque méprise. Elle paraît due à Savérien, historien scientifique du siècle dernier. Peut-être une simple faute d'impression lui a-t-elle donné naissance dans l'origine (en imprimant 1496 au lieu de 1476 pour l'année de la mort de Regiomontanus).

Soit qu'il ait été ainsi assassiné, soit qu'il soit mort de la peste de cette même année, comme on l'a dit aussi, il n'en est pas moins vrai qu'il était dans l'autre monde depuis plus de vingt ans lorsque Copernic alla à Rome et rappela par son éloquence les succès non oubliés de son cours.

Copernic eût dès sa jeunesse la direction de son esprit tournée vers l'astronomie et son problème fondamental. Même dans les plus hautes branches de l'activité humaine, les qualités les plus ordinaires, telles que le sens commun, l'attention, l'application, la persévérance, sont invariablement les plus utiles. On peut se passer de génie (fort heureusement) ; mais le génie lui-même, quelque grand qu'il soit, ne peut pas se passer de ces qualités ordinaires. Les grands hommes sont précisément ceux qui croient le moins à la puissance surnaturelle du génie et à la possibilité de s'affranchir de cette sagesse vulgaire et de cette suite dans les idées, sans lesquelles, même dans les petites choses, il n'est pas de succès. Quelques-uns d'entre eux ont même défini le génie : « le bon sens porté à sa plus haute puissance. » A ce propos, chacun se souvient ici de l'aphorisme de Buffon : « le génie... c'est la patience. »

Newton, à coup sûr, était un esprit de premier ordre, et cependant, un jour qu'on lui demandait comment il était arrivé à faire ses admirables découvertes : « En y pensant toujours, » répondit-il modestement. Une autre fois, il décrivait ainsi sa manière de travailler : « Je ne perds pas de vue mon sujet, et j'attends que les premières lueurs, grandissant peu à peu, se changent en une pleine et éclatante lumière. » L'application et la persévérance furent les féconds auxiliaires de son génie. Sa seule récréation consistait à varier ses travaux, c'est-à-dire à quitter momentanément un sujet pour s'occuper d'un autre. « Si j'ai pu rendre quelques services, » dit-il un jour au docteur Bentley, « je ne le dois qu'à la patience et à la persévérance que j'ai apportées dans mes recherches. » Un autre grand philosophe, Képler, disait aussi en parlant de ses études et de ses progrès : « Je pourrais m'appliquer la description que Virgile donne de la renommée : *Fama mobilitate viget, vires acquirit eundo;* car chaque réflexion étant pour moi l'occasion de réflexions nouvelles, j'arrive à la longue à m'appliquer à mon sujet avec toute l'énergie dont mon esprit est capable. »

Il y a eu tant de résultats extraordinaires obtenus tout simplement à force d'application et de persévérance, que beaucoup d'esprits en sont venus à douter que le génie soit un don aussi exceptionnel qu'on le suppose généralement. Voltaire, entre autres, tenait pour certain qu'il n'y a qu'une faible ligne de séparation entre l'homme de génie et l'homme d'une intelligence ordinaire. Locke, Helvétius et Diderot croyaient que tous les hommes peuvent également devenir des hommes de génie, et que tout ce que les uns accomplissent, sous l'influence des lois fondamentales qui règlent la marche de l'intelligence humaine, les autres aussi l'accompliraient, si, dans les mêmes circonstances, ils s'appliquaient de la même manière aux mêmes travaux. Cependant, tout en admettant pleinement la prodigieuse puissance du travail, et tout en reconnaissant le fait incontestable que les plus grands génies furent aussi les travailleurs les plus infatigables, il n'en reste pas moins évident que sans les heureuses dispositions dont la nature les avait doués, nul labeur, quelque bien dirigé qu'il eût pu être, n'eut produit un Shakspeare, un Newton, un Beethoven ou un Michel-Ange.

Un simple coup d'œil jeté en passant sur la biographie des grands hommes suffit pour nous convaincre de la vérité de ce fait, que les plus distingués parmi les inventeurs, les artistes, les penseurs, en un mot, les travailleurs de toute sorte, ont dû en grande partie leurs succès à leur infatigable activité. Sous la main de ces hommes-là, tout se change en or..., même le temps (*).

Sir Humphry Davy, qui a rendu en chimie des services comparables à ceux que Copernic a rendus en astronomie, et qui n'était pas moins profond penseur, comme on peut en juger par l'ouvrage admirable qu'il écrivit vers la fin de sa vie et publia sous le titre de *Derniers jours d'un philosophe* (**), sir Humphry Davy, dis-je, a donné comme un des résultats de sa propre expérience que toutes les fois qu'il s'était trouvé arrêté dans le cours de ses recherches par quelque obstacle en apparence insurmontable, il s'était aussi invariablement trouvé à la veille de faire quelque nouvelle découverte. Ce n'est du reste qu'au sein des difficultés et des chagrins de toutes sortes que les plus grandes pensées, les plus pro-

(*) Samuel Smiles, *Self Help*.

(**) Nous en avons publié une traduction française, avec commentaires.

fondes recherches, les plus brillantes inventions ont pris naissance et ont grandi; et ce n'est qu'à grand'peine qu'elles ont fini par triompher.

Le travail entretient la faculté de travailler. S'abandonner au découragement n'a jamais aidé et n'aidera jamais personne à surmonter une difficulté. Arago apprenant l'algèbre fut sauvé par ce conseil de d'Alembert à l'étudiant qui se plaignait de son peu de succès dans l'étude des premiers éléments des mathématiques : « Allez en avant, la force et la foi vous viendront. »

Rien de facile qui n'ait commencé à être difficile, pas même la plus simple et la plus primitive des actions, celle de marcher.

Les hommes dont l'éducation a été la plus soignée se sont aussi montrés les plus capables d'aborder avec résolution toute espèce de difficultés. L'extrême pauvreté elle-même n'a jamais été un obstacle pour ceux qui se faisaient un devoir de travailler à leur propre élévation. Képler est devenu le prince des astronomes après avoir été garçon de cabaret, en s'appliquant avec patience à l'étude des mathématiques (*). Le professeur de linguistique, Alexandre Murray apprit à écrire en griffonnant ses

(*) Il ne sera pas inutile de rapporter ici que l'un des plus curieux exemples de la persévérance à l'étude nous est fourni par William Cobbett, qui a raconté lui-même comment il apprit la grammaire; rien ne pouvant donner une plus juste idée du courage avec lequel cet excellent homme s'attachait à vaincre les difficultés, nous citerons cette intéressante histoire : « J'ai appris la grammaire, disait-il, étant simple soldat à douze sous par jour. Le bord de mon lit dans ma chambrée, ou celui du lit de camp au corps de garde, fut le seul siège que j'eusse pour étudier; mon sac fut ma bibliothèque; une planchette posée sur

lettres sur un vieux morceau de carton avec un bout de tige de bruyère brûlée. Le seul livre que possédât son père, pauvre berger, était un catéchisme de deux sous; mais ce livre était trop précieux pour qu'on s'en servît tous les jours, et c'est pourquoi on le gardait avec soin dans

mes genoux ma table à écrire, et cette tâche ne me prit pas à beaucoup près un an de ma vie. Je n'avais de quoi acheter ni huile, ni chandelle; et en hiver il était rare que je pusse avoir d'autre lumière que celle du feu, et encore à tour de rôle seulement. Si j'ai pu, dans de telles circonstances et sans parent ni ami pour me guider ou m'encourager, venir à bout de cette entreprise, y a-t-il une excuse qu'un jeune homme puisse invoquer, quelque pauvre qu'il soit, quelque surchargé de travail qu'il soit, quelque mal servi qu'il soit par les circonstances extérieures? Quoique je fusse toujours mourant de faim, je ne pouvais acheter une plume ou une feuille de papier qu'en me privant d'une partie de ma nourriture. Je n'avais pas un instant que je pusse dire mien, et il me fallait lire et écrire au milieu des conversations, des rires, des chants et du tapage d'au moins une douzaine d'hommes insouciants, s'il en fut au monde; et cela juste au moment où ils étaient libres de tout contrôle. Ne vous figurez pas que les quelques centimes que me coûtaient de temps en temps mon encre, mes plumes ou mon papier fussent peu de choses. Un centime, hélas! était une somme pour moi. J'étais aussi grand que je le suis à présent. J'avais une excellente santé et je prenais beaucoup d'exercice. Tout l'argent qui ne se dépensait pas pour nous au marché montait à quatre sous par semaine pour chaque homme. Je me souviens, et comment pourrais-je l'oublier! qu'un jour, un vendredi, je m'étais arrangé de manière à avoir, toutes dépenses payées, un sou de reste; je destinais ce sou à l'achat d'un hareng saur le lendemain même. En me déshabillant le soir, je souffrais de la faim à un tel point que la vie m'était à charge, — je m'aperçus que j'avais perdu mon unique sou. Je me cachai la tête sous ma misérable couverture et pleurai comme un enfant. Or, je le répète, si dans de telles circonstances, j'ai pu entreprendre et mener à bien cette tâche, y a-t-il, peut-il y avoir, dans le monde entier, un jeune homme qui puisse trouver une excuse pour s'en exempter. »

J'ai connu un jeune écolier qui n'a eu d'autre moyen, pendant

une armoire pour les lectures du dimanche.

Copernic prit soin en même temps de l'éducation de son esprit et de celle de son corps. Sans être d'une constitution athlétique, sa manière de vivre sobre et intelligente éloigna de lui les maladies variées qui trop souvent viennent traverser la vie et s'opposent au libre exercice de l'esprit. La vigueur organique et le développement des forces physiques ne sont pas insignifiants dans le succès de ceux qui se consacrent aux professions libérales. En effet, l'homme physique recèle l'homme moral aussi bien que l'homme intellectuel; et c'est par des organes corporels que l'âme elle-même vit et se manifeste. Le corps est son foyer, son séjour, sa demeure; et de même qu'une torche donne une lumière plus pure ou une senteur plus douce, selon la matière dont elle est faite; de même notre âme accomplit plus ou moins bien toutes ses fonctions, selon la disposition plus ou moins heureuse de ses organes. Il faut avoir « un mental sain dans un corps sain, » comme le disait Swedenborg en traduisant littéralement un adage antique.

Tout en remarquant combien, en premier lieu, il est nécessaire de donner des bases solides à la santé physique, on ne doit pas non plus perdre de vue qu'il faut cultiver l'habitude de l'appli-

près d'une année, de commencer sa carrière scientifique, que d'économiser sur deux sous qu'il recevait par jour pour son déjeuner, sa famille se trouvant alors dans une position très précaire. Aidé par sa sœur, qui se priva par affection pour lui d'une partie des mêmes dix centimes qu'elle recevait aussi pour son déjeuner, il parvint à acheter les principaux livres qui lui étaient nécessaires. Le soir, il écrivait au clair de lune. Il s'est fait rapidement une position fort honorable dans la science.

cation mentale, et que c'est là aussi un point indispensable dans l'éducation de la jeunesse. La maxime *Omnia vincit labor improbus* est vraie surtout lorsqu'il s'agit de la conquête du savoir: car les champs de la science sont ouverts à tous ceux qui veulent prendre la peine d'y récolter; et l'étudiant ne rencontrera sur sa route aucune difficulté qu'il ne puisse, à l'aide d'une ferme détermination, parfaitement surmonter: *Vouloir c'est pouvoir.* Un économiste a prétendu que nous avons des bras assez longs pour atteindre à tout, si nous voulons nous en donner la peine. Mais, en études comme en affaires, l'énergie est le grand moyen; il faut le *fervet opus;* il faut brûler les planches, et ne pas seulement battre le fer pendant qu'il est chaud, mais le battre jusqu'à ce qu'il s'échauffe: *Qui a du cœur a tout.* Il est merveilleux de voir ce que peuvent accomplir, en fait de développement individuel, ceux qui ont de l'énergie et de la persévérance, qui s'appliquent à profiter des occasions et qui emploient jusqu'aux plus courts instants de loisir, que les fainéants, au contraire, laissent invariablement perdre.

La jeunesse de Copernic se passa dans le travail. L'astronomie, la médecine, la philosophie occupaient tour à tour son activité studieuse. Il se mêla peu au monde, et comprit vite que le temps passé dans ses frivolités est absolument perdu, et ne laisse dans l'âme ni utilité ni bonheur. On n'en rapporte rien. Le penseur polonais aimait la solitude, et dès sa jeunesse sa vie resta solitaire. Il est assez remarquable que les quatre premiers astronomes du monde, les fondateurs de l'astronomie moderne, Copernic.

Galilée, Képler et Newton aient paru montrer par leur vie que le mariage ne convient pas à ces existences abstraites. Leur supériorité intellectuelle les isole pour ainsi dire au-dessus des usages généraux établis pour le maintien de la société. Copernic ne se maria point et se fit prêtre (*). Galilée connut les joies de l'affection partagée et laissa une famille après lui, mais ni l'Église ni l'État n'avaient confirmé son union. Képler se maria deux fois, mais regretta bien souvent les liens sociaux qu'il avait contractés. La tradition rapporte que Newton mourut vierge à quatre-vingt-cinq ans. L'être absorbé par ces immenses contemplations ne se livre point, à moins qu'il ne rencontre une attraction puissante, qui sache s'isoler elle-même du monde pour se vouer entièrement à lui.

(*) Dans sa *Vie de Copernic*, Jean Czinski raconte, d'après Mlle Malwaska, une anecdote qui ne manque pas d'intérêt. Copernic, jeune encore, aurait donné des preuves d'un grand courage en défendant une princesse dont la vie était en danger. Cette noble action changea la reconnaissance de la princesse en amour, mais comme une trop grande distance séparait le fils d'un bourgeois de la noble châtelaine, Copernic embrassa l'état ecclésiastique. Nous ne savons si cette nouvelle a quelque base historique.

CHAPITRE IV

COPERNIC CHANOINE, MÉDECIN ET ASTRONOME

Il se fait prêtre à son retour à Cracovie. — Il est nommé chanoine à Frauenbourg. — Ses occupations favorites. — Lutte contre l'ordre teutonique. — Réforme des monnaies. — Réforme du calendrier. — Portrait de Copernic.

Après son séjour en Italie, Copernic revint dans son pays, 1502, âgé de vingt-neuf ans. Comprenant que le bonheur n'est donné ni par la fortune ni par la célébrité, il n'aspira ni à l'une ni à l'autre : il leur préféra la solitude de l'esprit dans une vie tranquille et laborieuse. Il agissait là en homme d'esprit, et aussi en homme de sentiment.

La fortune, il pouvait l'acquérir en s'installant à Cracovie comme docteur en médecine, avec les titres que ses études avaient déjà conférés à sa réputation naissante ; il pouvait la compléter par un riche mariage et devenir un homme du grand monde, un citoyen brillant, un député. La célébrité, il pouvait la conquérir immédiatement en devenant le successeur d'Albert Brudzewski à la chaire d'astronomie de l'Université, chaire vacante depuis plusieurs années, et en continuant sur les bords de la Vistule les cours éloquents qui l'avaient couronné de lauriers sur les bords du Tibre. A toutes ces tentations mondaines il préféra la vie méditative d'un tranquille chanoine : il se fit prêtre. Jean Konarski, évêque de Cracovie, lui conféra les ordres sacrés. Quelques années après, en 1510, sur la recommandation de son oncle, il fut nommé chanoine à Frauenbourg, autre petite ville polonaise située à 66 kilom. S.-O. de Kœnigsberg, et qui appartient aujourd'hui à la Prusse (2 200 habitants).

Le principal agrément de la position de chanoine était, alors comme aujourd'hui, de toucher régulièrement et sans fatigue des rentes toujours respectées, et de pouvoir consacrer tout son temps à des études de prédilection. L'esprit de Copernic aimait les recherches mathématiques: son cœur aimait à faire du bien; son caractère aimait la justice. Le chanoine de Frauenbourg partagea son temps entre l'astronomie pour sa satisfaction personnelle, et l'exercice de la médecine en faveur des pauvres. Dans sa vie semi-publique, on voit constamment dominer en lui le sentiment profond de la justice.

Il y avait alors, en Allemagne, un ordre moitié religieux, moitié guerrier, fort turbulent, ennemi des Polonais, et, à tort ou à raison, accusé de vivre de rapines et de brigandages : c'était l'ordre teutonique. Les chevaliers teutoniques étaient redoutés des villes les plus voisines de leur domination, qu'ils troublaient et persécutaient sans cesse. Ils ne respectèrent pas davantage la retraite du chanoine astronome. Toutes les fois que Copernic portait plainte contre eux, ils se bornaient à nier le fait, ou bien ils répondaient par des calomnies. Après l'avoir attaqué dans ses droits de possession, ils poussèrent leur hypocrite audace jusqu'à l'accuser, devant la diète de Posen, dans un pamphlet outrageant pour son caractère, d'avoir été lui-même l'agresseur. Pour obtenir justice contre eux, il eut besoin d'être soutenu par tout le crédit dont jouissait l'évêque de Warmie.

En 1513, après la mort de l'évêque Fabian de Lusianis, ayant été nommé administrateur du diocèse, il s'aperçut que des biens de l'Église avaient été usurpés par l'ordre teutonique. Il s'agissait d'en demander et d'en obtenir la restitution. Comme il avait été déjà lui-même inquiété dans sa propre possession par les chevaliers teutoniques, il savait d'avance quels gens actifs, puissants et perfides il allait avoir pour adversaires. Homme ferme et résolu en présence des obstacles, quelle qu'en fût la nature, il n'hésita pas à entamer la lutte. Il s'adressa au roi de Pologne, Sigismond Ier, mit sous ses yeux les titres de propriété, et obtint l'autorisation de poursuivre en justice l'ordre tant redouté.

Il fallut de la persévérance et du temps pour venir à bout de cette affaire. A la fin, l'ordre, condamné, se vit contraint de restituer les terres de l'Eglise. Les chevaliers teutoniques, irrités par la perte de leur procès, prodiguèrent à Copernic les injures et les menaces; ils lui suscitèrent des tracasseries qui fatiguèrent excessivement son esprit, mais sans l'ébranler.

Une question importante était à l'ordre du jour, dans la diète de Grudzionz. L'altération des monnaies, qui fut le grand moyen financier des États pendant le moyen âge et la Renaissance, avait été poussée à l'extrême en Pologne. Les choses en étaient à ce point, que les commerçants étrangers ne voulaient plus échanger leurs produits que contre des lingots d'or ou d'argent pur. A cette époque, plusieurs villes de la Pologne avaient le privilège de frapper monnaie, et de là était résultée une sorte d'anarchie monétaire, dont l'ordre teutonique, placé sur les frontières, avait rapidement profité. Il avait mis en circulation une monnaie dans laquelle il entrait beaucoup de cuivre et peu d'argent, ce qui avait déconsidéré toute la Pologne, au point de vue commercial. On entendait de tous les côtés des plaintes contre les embarras et les abus qui résultaient de la circulation de ces pièces sans valeur. Cette situation étant devenue intolérable, il fallait en déterminer les véritables causes et indiquer les moyens d'en prévenir le retour.

Telle fut la question que Copernic eut à traiter devant la diète. Prenant la parole, il remonte à l'origine du mal, qu'il suit dans ses développements et, après avoir montré le danger, qui menace la Pologne en général et la Prusse en particulier, il propose, pour ramener la confiance, pour rétablir le crédit et sauver d'une ruine imminente le commerce et l'industrie nationale, d'abolir le privilège de frapper monnaie accordé à Thorn, à Elbling, à Leipzig, et de fixer une seule ville où la monnaie serait fabriquée d'après une même base et sous la sauvegarde du roi de Pologne. On retirerait de la circulation l'ancienne monnaie, et on la remplacerait par une monnaie nouvelle. Il serait prescrit à la Lithuanie, à la Pologne, à la Prusse et à tous les États soumis au roi de ne faire usage, dans leurs transactions industrielles et commerciales, que de la monnaie nationale, qui offrirait toutes les garanties propres à faire renaître la confiance et à satisfaire, en même temps, aux besoins des particuliers et de l'État (*).

Cette réforme que proposait Copernic était claire, simple et d'une évidente utilité, elle ne laissait entrevoir dans son application d'autres difficultés que celles que ne manquent jamais de soulever quelques intérêts privilégiés. Ce furent des obstacles de ce genre qui empêchèrent son adoption. D'une part, tous ceux qui spéculaient sur la dépréciation des monnaies la combattirent par des raisons spécieuses; d'autre part, les villes en possession de frapper monnaie défendirent avec obstination leurs privilèges. Ce projet ne fut donc pas exécuté. La diète décida que le manuscrit de Copernic serait déposé honorablement aux archives de Grundzionz. Ce manuscrit original, que Leibnitz chercha inutilement, fut déposé dans les archives de Kœnigsberg, par les soins du roi de Prusse qui le réclama en 1801. Il en existe une copie officielle dans la bibliothèque de Varsovie. Il a été traduit et publié en français par M. Wolowski, membre de l'Institut.

Tout en rendant des services à son pays, en donnant des soins aux malades et en remplissant pieusement les devoirs de son ministère, le chanoine de Frauenbourg consacrait avec prédilection la meilleure partie de son temps à ses recherches astronomiques. Comme nous le verrons dans le chapitre suivant, ces recherches ne tardèrent pas à le convaincre que l'hypothèse

(*) Figuier, *Vie des Savants illustres*, KOPERNIK.

de l'immobilité de la Terre n'était pas conforme au système de la nature, et quoiqu'il ne fît rien pour la publier, sa préférence en faveur du mouvement de la Terre ne tarda pas à être connue de ses amis — et de ses envieux. Bientôt, tout le monde sut qu'un astronome polonais avait consacré une partie de sa vie à prouver le mouvement de notre planète. Les uns, et c'était le nombre le moins considérable, attendaient la démonstration et les preuves. D'autres riaient et prenaient en pitié le visionnaire qui employait son temps à une conception aussi bizarre qu'invraisemblable.

C'était aussi une bonne fortune pour les moines de l'ordre teutonique. Ils n'avaient pas pardonné à Copernic leurs mécomptes, et résolurent de se venger de la manière la plus méprisable sur l'homme qui s'était permis de défendre sa propriété et les biens de l'Église. Ils payèrent des histrions et des comédiens ambulants en les chargeant de le parodier et de le tourner en ridicule. Il était facile d'amuser le public en exagérant et brodant sur une conception nouvelle, contraire à l'apparence et aux idées reçues. La foule accourait pour rire et applaudir. Les baladins faisaient de bonnes recettes et répétaient ce spectacle de ville en ville, en s'approchant même du séjour de l'astronome.

Ses amis indignés, l'engageaient à mettre obstacle à ces représentations, d'autant plus que la foule accourait en masse et applaudissait cette indigne parodie. « Laissez-les faire, répondait Copernic, jamais je n'ambitionnerai les applaudissements de la foule, car ce que je sais, le peuple ne le trouve pas bon, et ce qu'il approuve n'est pas toujours le meilleur. » Il ne faisait qu'interjeter appel des juges incompétents aux juges capables de le comprendre.

L'illustre astronome continua ses observations et ses recherches sans s'inquiéter des railleries des ignorants ni même des réflexions des savants. Lorsque, dans les froides et brumeuses régions de la Pologne, une nuit limpide et constellée s'offrait à ses regards, il oubliait vite, dans la contemplation des cieux, les petitesses de la Terre, et devant Dieu seul dont il étudiait l'œuvre il sentait se fixer en son âme la théorie simple et grandiose qui devait immortaliser son nom à travers les siècles.

Tandis que de vils histrions le tournaient en ridicule, des juges plus compétents saluaient la gloire de son profond génie. Les mathématiciens avaient connaissance de ses recherches et de la pensée fondamentale de sa nouvelle théorie. Erasme Rheinold, dans son discours sur le système de Ptolémée, sans prononcer le nom de Copernic, s'exprime dans les termes les plus flatteurs pour lui; il l'appelle le maître illustre dont l'ouvrage, destiné à restaurer l'astronomie, est attendu avec la plus vive impatience. En parlant de certains mouvements célestes dont la raison n'a pas encore été trouvée, il ajoute que ces questions attendent un nouveau Ptolémée, et il espère que cet homme supérieur sortira de la Prusse, car là existe un homme dont le génie divin sera béni par toute la postérité.

Savérien nous raconte toutefois que malgré la protection de son oncle l'évêque, Copernic ne put faire la paix avec le puissant ordre teutonique qu'en promettant de s'occuper désormais davantage des offices divins et des malades pauvres, et de *ne plus consacrer à l'astronomie que le temps où il n'aurait absolument rien à faire* (*). C'était là, en vérité, une assez singulière position pour un astronome. Elle rappelle un peu la question que la singulière épouse de lord Byron adressait à son mari, lorsqu'elle lui demandait jusqu'à quand il garderait l'habitude de faire des vers! Mais Copernic avait l'amour de l'étude; — de plus, un brillant esprit régnait sous son front, un cœur dévoué battait dans sa poitrine.

La vie de cet homme remarquable nous invite de temps en temps à nous arrêter dans cette biographie pour appliquer à notre éducation générale les réflexions qu'elle nous inspire. Ainsi, nous pouvons remarquer ici que la grandeur du caractère est le couronnement et la gloire de la vie; c'est le plus grand des biens; c'est le seul qui, dans l'estime générale, tienne lieu de rang et de fortune; le seul qui ennoblisse toute carrière et exalte toute position aux yeux de la société. La noblesse de caractère exerce un plus grand pouvoir que la richesse, et, sans exciter les mêmes jalousies que la renommée, confère les mêmes honneurs. Elle entraîne à sa suite une influence qui se fait toujours sentir, et à bon droit; car c'est l'influence de la droiture, de la constance, de l'honneur éprouvé, qualités qui, plus qu'aucune autre peut-être, commandent l'estime et la confiance des hommes.

C'est la nature même de l'homme dans ce qu'elle a de meilleur; c'est l'ordre moral fait homme. Les grands caractères, en effet, ne sont

(*) Savérien, *Histoire des Mathématiciens*, 1775, tome V.

pas seulement la conscience de la société, ils en sont aussi, du moins dans tout Etat bien gouverné, la puissance motrice par excellence, car, au fond, ce sont les qualités morales qui gouvernent le monde.

Les manières sont l'ornement de l'action; et il y a une façon de dire une bonne parole ou de faire une chose obligeante qui en rehausse énormément le prix. Ce qui semble fait à contre-cœur ou comme un acte de condescendance est rarement accepté comme une faveur. Cependant il y a des hommes qui se font un mérite de leur rudesse, et qui avec de la vertu et des talents, trouvent moyen de se rendre, par leurs manières, à peu près insupportables. Il est difficile d'aimer un homme qui, quoiqu'il s'abstienne, il est vrai, de vous donner des soufflets, se fait un plaisir de vous blesser dans votre conscience et de vous dire des choses désagréables. D'autres prennent des airs horriblement protecteurs et ne perdent pas une occasion, quelque insignifiante qu'elle soit, de faire sentir leur grandeur et leur condescendance. Tel est comme type l'exemple qui nous est rapporté par Smiles, dans son livre de l'éducation de soi-même : Abernethy se portant comme candidat pour la place de chirurgien à l'hôpital de Saint-Barthélemy, alla voir un personnage de cette espèce, riche épicier et l'un des administrateurs de l'hôpital. Le grand homme, — nous parlons de l'épicier, — en voyant entrer chez lui le chirurgien, prit un air important, pour recevoir celui qui, pensait-il, venait briguer son suffrage. « Je présume, Monsieur, » lui dit-il, « qu'à cette époque critique de votre vie, vous avez besoin de mon vote et de mon influence. » Abernethy qui ne pouvait souffrir les faiseurs d'embarras, et qui se sentit exaspéré en s'entendant interpeller de la sorte, s'écria : « Non, pas du tout, je ne veux que pour deux sous de figues; allons vite, enveloppez-moi ça au galop, je suis pressé. »

Les vrais grands hommes, au contraire, sont simples, et dans toutes les conditions les hommes de vrai mérite se font remarquer par leur simplicité presque enfantine. On n'est pas cependant pour cela brusque et grossier, car sans être outrecuidant comme l'épicier qui précède, on peut avoir des formes de conversations spirituelles et distinguées. L'homme instruit parle peu, mais parle utilement ou agréablement. D'ailleurs la politesse innée, qui prend sa source dans la droiture du cœur et dans la bienveillance des sentiments, n'est l'apanage exclusif d'aucune classe, d'aucune position sociale. L'ouvrier qui travaille à l'établi peut en être doué tout aussi bien que l'homme du meilleur monde. Ce n'est pas une condition nécessaire du travail que d'être en quoi que ce soit rude ou grossier. La politesse est le raffinement qui distingue toutes les classes de la société. De la plus élevée à la plus humble, de la plus riche à la plus pauvre, il n'est aucune classe, aucune condition sociale à laquelle la nature ait refusé le plus précieux de ses dons, un grand cœur.

Dans sa modeste retraite, Copernic recevait chaque jour des malades pauvres. Non seulement il leur donnait des conseils, mais, habile dans l'art de préparer les remèdes, il leur offrait des médicaments. Ses cures, presque miraculeuses, lui firent une si grande renommée que les malades venaient ou envoyaient de très loin le consulter. Les médecins les plus éminents faisaient appel à son savoir et à son expérience.

On peut se faire une idée de l'effet que devait produire cette conduite charitable sur l'esprit des habitants de sa commune. Si les soins qu'il prodiguait aux pauvres suffisaient pour gagner leur admiration, Copernic n'en était pas satisfait encore. Il voulut rendre à la commune un service efficace et durable. Frauenbourg est situé sur une montagne. Les habitants manquaient d'eau et, pour s'en procurer, il leur fallait aller en puiser dans la rivière éloignée à une demi-lieue de la ville.

Obtenir par l'art ce que la nature a refusé aux habitants de la petite ville, voilà le problème que Copernic résolut de mettre à exécution. Tout d'abord il éleva les eaux de la rivière à l'aide d'une écluse et les conduisit au pied de la montagne. Le cours ayant été assez rapide pour pouvoir faire tourner un moulin, Copernic y en établit un; là un mécanisme, aussi simple qu'ingénieux, fit monter l'eau à la hauteur de la tour de l'église. Les habitants, qui jusqu'alors avaient été forcés de chercher l'eau au loin, la recevaient maintenant à l'aide de tuyaux menés dans toutes les directions. La commune, sensible à un si grand bienfait, fit poser au bas de la machine une pierre sur laquelle elle fit graver le nom de son bienfaiteur (*).

Aussi les services qu'il rendait autour de lui le faisaient aimer de tous. En même temps, sa

(*) La fameuse machine de Marly, construite sous Louis XIV, a été établie sur le même principe.

réputation de savant s'étendait au loin, et l'on s'adressait à son esprit éclairé toutes les fois qu'une importante question était soulevée, en cette époque remarquable où l'on sentait le besoin de vérifier les traditions et de réformer des usages appuyés sur des principes incomplets.

Lorsqu'au concile de Latran on traita la question de la réforme du calendrier, une commission fut choisie à cet égard, sous la présidence de l'évêque Paul de Middelbourg, qui écrivit une lettre à Copernic en faisant appel à ses conseils et à son savoir. D'un côté, l'astronome polonais n'avait pas voulu encore donner la publicité à son œuvre; de l'autre, il ne pouvait pas rester indifférent à une invitation qui lui venait de Rome. Il devait faire part du fruit de ses recherches à la congrégation qui s'occupait de la réforme du calendrier, convaincu qu'il était que ses observations pouvaient être utiles à l'Église. Il envoya à Rome ses tables, connues généralement sous le nom de Tables prutenniques, ainsi que les calculs et les observations nécessaires. Clavius en parle avec admiration dans son ouvrage sur la Réforme du Calendrier :

« Le seul, dit-il, depuis mémoire d'homme, Nicolas Copernic, l'illustre mathématicien de notre siècle, ayant réuni avec soin ses observations à celles d'Hipparque, de Ptolémée, d'Albategnius, d'Alphonse, a donné preuve d'une incroyable habileté, en admettant de nouvelles hypothèses. Il a démontré l'accroissement et le décroissement de l'année solaire, et il a su donner une raison à ces inégalités. Il a trouvé la longueur de l'année un peu plus grande que celle que nous a indiquée Ptolémée, un peu plus petite que celle trouvée par Albategnius. D'après ses calculs, l'année solaire se compose de 365 jours 5 heures 55 minutes 57 secondes 40 tierces. »

L'explication du déplacement des points équinoxiaux indiquait la nécessité de fixer la période du mouvement de la Terre autour du Soleil et la longueur de l'année. Comme, sans la détermination précise de cet élément, la réforme du calendrier ne pouvait s'effectuer lors du concile de Latran, la cour de Rome avait invité Copernic à se charger de ce travail, qui devait donner une base durable au nouveau calendrier. Copernic, rejetant encore sur ce point la doctrine de Ptolémée, s'attacha à prouver que la durée de l'année qu'on appelle tropique, réglée d'après le retour des saisons, serait toujours incertaine et variable, comme rapportée aux points équinoxiaux qui ont été démontrés mobiles. Il préféra, en conséquence, prendre pour mesure le retour du soleil à une même étoile, comme à un point fixe. Cette méthode avait déjà été suivie par les Chaldéens, et fut encore rappelée à la fin du neuvième siècle par Thébith, astronome arabe. Copernic, dirigé par cet exemple, remonta aux observations les plus reculées et, les combinant avec les siennes, il en déduisit la longueur de l'année, qui se trouve aujourd'hui de 28 secondes trop grande.

La vie de l'astronome polonais se partageait donc entre les travaux du ministère, les soins réclamés par les malades, l'étude des sciences et les observations astronomiques.

Ses observations astronomiques portèrent surtout sur la position des étoiles fixes, comparée à celle qui avait été déterminée par les astronomes anciens, et sur la marche des planètes sur leurs orbites encore indéterminées. Ces observations étaient fort difficiles à faire exactement, les lunettes n'étant pas encore inventées, et les cercles et règles de bois, de cuivre ou de fer étant trop grossièrement construits pour mesurer de très petits angles.

Connaissant la vie publique de l'homme, il est intéressant pour nous de pénétrer un instant, non pas précisément dans sa vie privée, car la vie intime de tout individu, considérée en elle-même, ne peut être comprise et jugée que par lui seul, mais dans son intérieur, dans son habitation, dans ses habitudes, telles que nous pouvons encore les retrouver, et voir personnellement l'homme bienveillant et laborieux dont le nom devait s'illustrer à jamais dans l'auréole de la postérité.

La figure de Copernic exprimait la bonté et la contemplation. Ses joues colorées dénotaient la paix intérieure et la tranquillité de la conscience. Ses yeux, beaux et vifs, s'animaient selon les impressions de son âme. Ses cheveux tombaient en boucles sur ses épaules, et sa taille était celle d'un homme fort et vigoureux. Nicodème Frischlinus, en voyant son portrait d'une parfaite ressemblance, a fait les vers suivants :

Quem cernis, vivo retinet Copernicus ore,
Cui decus eximium, formæ par fecit imago :
Os rubeum, pulcrique oculi, pulcrique capilli,
Cultaque Apellæas imitantia membra figuras,

Illum scrutanti similem, similemque docenti,
Aspiceres, qualis fuerat, cum sidera jussit,
Et cœlum constare loco, Terramque rotari
Finxit, et in medio mundi Titana locavit.

Voilà le portrait de Copernic, qui rend parfaitement la rare beauté de sa figure. Ses joues colorées, ses beaux yeux, sa belle chevelure et ses membres bien proportionnés rappellent les peintures d'Appelles. Livré aux recherches et à la méditation, il semble commander aux astres, arrêter le firmament, faire mouvoir la Terre et placer le Soleil au centre de l'univers.

En parlant du portrait de Copernic, nous ne pouvons passer sous silence l'impression que son image produisit sur l'illustre Tycho-Brahé. L'astronome danois oublie que Copernic était son rival, que leurs opinions différaient, qu'il était loin d'admettre le mouvement de notre planète, son admiration pour l'homme de génie l'emporte sur toute autre considération : il place le portrait du grand homme dans la pièce principale de son observatoire, en y ajoutant une inscription poétique dans laquelle il rend hommage à l'homme qui arrêta le Soleil, qui lança la Terre dans l'espace et qui rendit le cours des corps célestes plus régulier et plus facile. Cette poésie de Tycho-Brahé, ainsi que celle que nous avons déjà reproduite plus haut, nous font croire que si Tycho n'a pas admis le mouvement de la Terre, il est possible que la crainte des persécutions ait imposé silence à son intime conviction.

Il serait difficile d'expliquer autrement le contraste de ses opinions personnelles avec son enthousiasme pour son adversaire, surtout quand on se rappelle que ses poétiques inspirations n'ont été connues qu'après la mort de leur auteur, alors seulement que l'homme, dégagé des influences terrestres, n'a plus rien à redouter de l'injustice de ce monde. Dans cette pièce, Tycho-Brahé exprimait la supériorité de Copernic sur les géants qui ont déclaré la guerre à Jupiter. D'un seul coup de foudre, le Dieu de l'Olympe renverse leurs efforts insensés, tandis que Copernic lance la Terre avec ses montagnes et ses mers au milieu du tourbillon de l'univers, sans exciter le courroux de l'Éternel. Jupiter a dû repousser les projets téméraires des géants qui voulaient régner par la force, et a dû se montrer favorable à l'homme, qui n'avait d'autres armes que son génie.

Le plus ancien portrait de Copernic que nous ayons est celui qui est peint sur l'un des médaillons de la fameuse horloge astronomique de Strasbourg, cette chère capitale de notre belle Alsace. Cette horloge planétaire a été construite trente ans seulement après la mort de Copernic, et elle représente le mouvement de translation annuel de la Terre (365 jours 5 h. 48 m. 48 s.), selon les calculs de cette époque, et celui de chaque planète autour du Soleil central. La tourelle aux poids, dont la coupole est surmontée du coq, a conservé plusieurs peintures provenant de l'ancienne horloge. La première en descendant représente Uranie, celle des neuf Muses qui préside à l'astronomie. La seconde est le colosse allégorique des quatre monarchies mentionné dans le chapitre VII du prophète Daniel; il est représenté sous la figure d'un guerrier portant un sceptre.

C'est dans la troisième peinture que l'on voit le portrait de Nicolas Copernic, auquel plusieurs auteurs ont attribué la construction de l'horloge du seizième siècle, quoique notre célèbre astronome n'ait jamais été à Strasbourg et que cette œuvre ait été commencée trente ans après sa mort.

Ce planétaire de la cathédrale de Strasbourg représente le système du monde tel qu'il a été expliqué par Copernic. Le mécanisme ingénieux placé dans l'église, et exposé à la vue du peuple, explique clairement quelle était la pensée de ses fondateurs. Mais pour que personne ne pût en douter, on y plaça le portrait de Copernic avec cette inscription : *Nicolai Copernici vera effigies, ex ipsius autographo depicta*. Le portrait et cette inscription ont été religieusement conservés jusqu'aujourd'hui. Tout homme studieux qui visite Strasbourg et sa cathédrale peut contempler à la fois et le planétaire renouvelé par Schwilgué, et les traits du grand astronome qui a inspiré la construction de cet ingénieux mécanisme.

L'époque à laquelle a eu lieu l'exécution de ce planétaire est digne d'attention : C'était au moment où la congrégation condamnait Galilée, et quand l'Italie tout entière rejetait l'interprétation de Copernic. Il était défendu dans les écoles catholiques d'enseigner sa théorie. L'Université de Strasbourg résolut de protester contre cet abus de pouvoir, en mettant sous les yeux du public le mécanisme qui démontrait la symétrie parfaite et l'harmonie du monde sidéral, avec le portrait et le nom de celui qui en a donné la révélation.

Avant de faire graver le portrait de Copernic dans sa biographie de l'immortel astronome, Gassendi prit soin de le comparer avec celui de la cathédrale de Strasbourg. Celui-ci était donc dès cette époque considéré comme authentique.

Maintenant que nous avons fait une connaissance aussi approchée que possible de l'homme auquel on doit la découverte du véritable système du monde, nous pouvons pénétrer un instant dans son intérieur et assister à ses occupations.

Le chanoine de Warmie habitait un logement commode. Son mobilier était modeste, en rapport avec les travaux de celui qui se dévoue entièrement à l'étude. Il avait un laboratoire dans lequel il préparait les médicaments pour les malades pauvres. Ses instruments astronomiques peu compliqués furent faits de sa propre main. Peintre habile, il a conservé les traces de tout ce qui a frappé son imagination pendant son voyage en Italie. Nous avons déjà vu qu'il était arrivé à faire les portraits avec une grande ressemblance, et nous avons pu en juger par la joie qu'éprouva Tycho-Brahé en recevant l'image de Copernic faite par lui-même. On voit encore par ses biographes qu'il avait l'habitude de se lever de bonne heure, bien qu'il travaillât pendant la nuit. L'évêque Gisius assure qu'il était versé dans toutes les sciences, et ajoute que dans l'art de guérir il était si heureux et si habile qu'on le prenait pour un nouvel Esculape. Il préparait certains médicaments avec tant de soin et de bonheur, et les appliquait si heureusement, que les pauvres soulagés par ses soins le vénéraient comme une divine providence.

Il n'avait pas l'ambition de publier ses travaux; sachant que les œuvres les plus éminentes sont exposées à la critique de détracteurs ignorants et envieux, il ne voulait pas livrer à leurs morsures les vérités qu'il avait découvertes. Mais il n'en agissait pas de même à l'égard des hommes dont il estimait le jugement. Il leur communiquait ses manuscrits, répondait volontiers aux demandes qu'il recevait, ne refusait pas des explications, réfutait les objections, donnait des conseils, selon le caractère et les désirs de ses correspondants. Jean Brosius possédait de nombreuses copies de ses lettres ainsi qu'une correspondance suivie. Il faut regretter que l'ami et le confident de l'illustre mathématicien n'ait pas publié ces précieux documents. Dans une de ses lettres adressées à son ancien camarade de collège Waposki, il lui communique son travail sous le titre *de Motu Octavæ Sphæræ*, sur le mouvement de la huitième sphère. Gassendi fait mention de ce travail.

Copernic n'aimait pas à perdre en des conversations stériles son temps entièrement consacré à l'étude, ne cherchait pas de nombreuses connaissances, et ne prodiguait pas facilement le nom d'ami. Aussi l'accusait-on parfois d'affecter des mœurs austères. La vérité est qu'il recherchait avec ardeur le commerce des hommes de science, et évitait les discussions avec des individus incapables de le comprendre et de l'apprécier : l'évêque de Culm, le polonais Gysius, entre autres, possédait toute sa confiance et toute son affection. Dantiscus, évêque de Warmie, un des successeurs de son oncle Wasselrode, aussi respectable par son savoir que par ses vertus était son ami. Rhéticus, témoin plus particulier des travaux de Copernic, pénétré d'admiration pour cet homme de génie, lui voua toute son existence; aussi l'astronome polonais l'aima-t-il comme un fils.

Les hommes de mérite arrivaient auprès de Copernic attirés par sa renommée, avides de connaître d'avance la nouvelle interprétation du mécanisme céleste. L'astronome polonais les recevait avec l'hospitalité qui est proverbiale en Pologne, leur donnait toutes les explications et tous les renseignements qu'ils désiraient. Si quelqu'un lui faisait des objections et combattait sa théorie, il la défendait avec une force qui dénotait une profonde conviction. La tradition rapporte aussi que sa voix agréable ne manquait pas d'énergie, et que sa figure et ses yeux s'animaient vite dans la chaleur de la discussion. L'esprit accoutumé aux longs travaux intellectuels éprouve une certaine sympathie à s'entretenir des problèmes qui l'intéressent, avec des esprits cultivés qui peuvent le comprendre; mais il n'éprouve aucun plaisir à être questionné par des gens frivoles et ignorants, qui s'imaginent être instruits, mais n'ont jamais rien approfondi et sont même souvent incapables de comprendre aucune vérité nouvelle.

CHAPITRE V

TRAVAUX ASTRONOMIQUES DE COPERNIC

Conséquence de la découverte de l'Amérique. — Sphéricité de la Terre prouvée. — Etude sur son mouvement de rotation : incohérences du système de l'immobilité. — Études sur sa position dans le système planétaire. — Observations astronomiques avant l'invention des lunettes.

Le prêtre de Frauenbourg, médecin de l'âme et médecin du corps, avait uue vocation plus grande encore, qui ne devait pas seulement être utilisée pour l'unique avantage de ses compatriotes et de ses contemporains, mais devait étendre ses bienfaits sur l'Europe, sur la terre entière, et se perpétuer à travers les âges les plus reculés. Il était plus que médecin, plus que prêtre : il était *astronome*.

Il devait être, comme l'écrivit Galilée plus tard, plus que l'interprète de la *parole* de Dieu : l'interprète de ses *œuvres*. Il devait ouvrir au monde les arcanes de la réalité, faire tomber le rideau qui nous cachait les splendeurs de la création, donner à l'humanité la connaissance du vrai système de la nature, sur lequel la philosophie de l'avenir devait un jour baser l'édifice des pures croyances. Beaucoup d'hommes peuvent servir et appliquer les principes généraux de la morale; beaucoup peuvent servir les intérêts du corps : peu consacrent leur vie à étudier la sublime nature et à en faire connaître les profonds enseignements.

C'est, nous l'avons déjà remarqué, plutôt la théorie que la pratique de l'astronomie qui occupa la vie du grand réformateur. Mais nul ne saurait comprendre la théorie, en aucune branche des connaissances humaines, s'il ne s'adonne lui-même à la pratique. Il faut exercer le métier pendant plusieurs années pour bien se rendre compte des méthodes employées et voir soi-même comment les anatomistes du ciel dissèquent le grand organisme de l'univers. Puis, lorsqu'on a passé par les procédés classiques de l'observation, on s'adonne soi-même à des recherches préférées, et l'on devient plus instruit, on acquiert une force personnelle plus grande que si l'on était resté attaché aux rudiments de l'école. C'est ainsi que se forment les grands savants, qui par leurs travaux individuels accroissent sans cesse le patrimoine grandissant des connaissances humaines.

Des observations astronomiques faites par Copernic, un certain nombre ont été conservées par lui-même et appliquées à l'appui de ses théories. C'est là un des meilleurs moyens à employer pour se faire entendre de ses collègues lorsqu'on vient proposer des idées nouvelles. Nicolas Muller a réuni ces observations à la fin du livre de Copernic dans l'édition de 1617, dans un dernier chapitre (p. 471), qui a pour titre : *Astronomicarum observationum thesaurus*. Elles sont mises en regard des observations analogues des anciens. On y remarque celles de l'obliquité de l'écliptique, de la place des étoiles fixes, du diamètre et de la parallaxe de la lune, de quelques éclipses et de la position des différentes planètes, à l'exception de Mercure, observé en 1491 par Bernard Walter, disciple de Regiomontanus, et en 1504 par Jean Schoner, mais toujours resté caché pour Copernic à cause des brouillards de la Vistule.

Les travaux théoriques de Copernic ont pour but et pour résultat de transformer le système de Ptolémée, en se servant des mêmes matériaux et des mêmes forces : il n'y a de changé que les positions respectives du Soleil et de la Terre; mais les principaux rouages, épicycles et excentriques, sont conservés, et le système du monde, quoique plus simple, ne sera pas agrandi ni idéalisé comme il l'est de nos jours. Ainsi, Copernic reste d'abord attaché au préjugé des anciens sur la forme sphérique, et il déclare avec eux que la figure du monde est sphérique; c'est, dit-il, la plus parfaite, celle qui comprend le plus de choses dans un espace donné, et en même temps celle qui est la plus propre à se conserver. Cette forme est celle de presque toutes les parties figurées de la matière; c'est celle du Soleil, de la Lune, de tous les astres; les gouttes d'eau la prennent naturellement lorsqu'elles parviennent à l'équilibre; cette forme doit être celle de l'assemblage des parties, c'est-à-dire du monde.

Copernic pose pour principe celui qui fut le plus cher à l'antiquité. Une sphère, dit-il, se meut circulairement; elle exprime sa forme par son mouvement même. Ce mouvement n'a ni commencement, ni fin que l'on puisse distinguer, et il revient sans cesse sur soi par des révolutions successives. Copernic observe que les inégalités des mouvements ont des retours réglés; ce qui ne pourrait arriver, selon lui, si les mouvements n'étaient pas circulaires. Ces retours exigeaient sans doute une courbe fermée, où le mouvement pût revenir sur lui-même, et repasser périodiquement par les mêmes circonstances. Mais pourquoi les anciens n'avaient-ils que le cercle devant les yeux? Copernic conclut que ces mouvements doivent être uniformes, puisqu'on ne peut concevoir aucune cause d'inégalité, soit étrangère, soit inhérente à ces corps si bien ordonnés et si bien réglés. D'où il suit que ces inégalités doivent provenir du mouvement de la Terre.

Quand on voit des corps se mouvoir, les apparences sont les mêmes, soit que l'objet observé se meuve réellement, soit que le spectateur se meuve lui-même. Il s'ensuit donc que si la Terre change de place, nous attribuerons ce changement aux objets célestes. Or on observe un mouvement qui, chaque jour, emporte tous les astres, excepté la Terre, d'orient en occident. Si nous transportons ce mouvement en sens contraire à la Terre elle-même, si nous établissons qu'elle se meut tous les jours d'occident en orient, nous verrons que les apparences sont telles qu'elles doivent être en conséquence de cette hypothèse. Le ciel est le lieu commun de tous ces astres; il est plus naturel d'en faire mouvoir un que dix mille; il est plus simple de supposer la Terre en mouvement et le ciel en repos.

Copernic était parvenu par ses méditations à deviner la gravitation universelle qui devait immortaliser Newton, il la définissait : un certain désir naturel, donné par l'Être suprême à toutes les parties de la matière, au moyen duquel elles tendent à s'unir sous une forme complète et unique, et à se constituer en globes. La sphéricité du Soleil et de la Lune montre que cette force existe entre eux. Les anciens, qui voyaient tous les corps graves tendre au centre de la Terre, pensaient que cette tendance indiquait le centre du monde. Si la gravité, si la pesanteur, existe dans tous les corps célestes, il n'y a plus de raison pour préférer la Terre; elle paraît être le centre de tous les mouvements; mais transportons-nous par la pensée dans tous ces corps, dans le Soleil lui-même, nous croirons encore être au centre de tous ces mouvements. Ce n'est donc pas cette raison qui doit décider, c'est la simplicité des causes. Cette réflexion, qui appartient uniquement à Copernic, lui fait le plus grand honneur.

En suivant le raisonnement du célèbre astronome, on le voit remarquer que la grandeur de la Terre n'est rien en comparaison de celle de l'univers. Tous les grands cercles du ciel se partagent en deux parties égales, à l'égard d'un œil placé au centre; pour peu que cet œil s'en écarte sensiblement, le partage ne sera plus égal. Or, comme nous voyons toujours sur l'horizon la moitié des cercles du ciel, il s'ensuit que même sur la surface de la Terre, nous les voyons comme si nous étions au centre; nous n'en sommes donc pas sensiblement éloignés, et la grandeur du rayon de la Terre, quoique de 1 500 lieues, est infiniment petit et tout à fait insensible, relativement à la distance des cerles célestes. Qu'on n'aille pas en conclure que la Terre est au centre du monde, car il ne s'agit ici que d'apparences; tous ces cercles sont fictifs, leur grandeur est réglée par la distance des astres. Du centre de chaque planète, on en peut imaginer de pareils, pour établir, par de semblables raisons, que l'étendue de leurs globes n'est rien en comparaison des espaces de l'univers. Chaque œil a sa sphère, dont il est le centre; le véritable centre du monde ne peut être que celui des mouvements.

Toutes ces réflexions, toutes ces idées, sont les pas successifs de l'esprit investigateur sur le chemin de la science. Copernic y avait introduit plus de philosophie qu'on n'avait fait depuis Hipparque. La chaîne de ses raisonnements le conduisait à l'ordre de son système. Il établit, comme sphère extérieure du monde, le ciel des étoiles, absolument immobile. Ensuite au dedans, l'orbe de Saturne, puis celles de Jupiter, de Mars, de la Terre entraînant la Lune qui tourne autour d'elle, de Vénus, de Mercure; enfin le Soleil immobile au centre. Si nous ajoutons à cette disposition le mouvement de la Terre sur son axe en 24 heures, nous avons l'explication de tous les phénomènes.

Rien n'est plus simple que la marche de ces raisonnements : 1° les apparences des mouvements célestes du Soleil, de la Lune, des étoiles, sont les mêmes si c'est la Terre qui tourne de l'ouest à l'est ou si c'est le ciel qui tourne de l'est à l'ouest; 2° il est plus simple d'attribuer le mouvement à un seul globe qu'à des centaines et des milliers ; 3° la grosseur de la Terre est insignifiante devant les distances célestes. On voit là un bon commencement en faveur de la théorie du mouvement de la Terre.

Toutes les planètes sont affectées de l'apparence du mouvement annuel de la Terre autour du Soleil ; il est singulier que les étoiles soient réellement fixes à nos yeux, et ne participent en rien à ce mouvement. Il semble qu'en nous transportant d'une extrémité de l'orbite terrestre à l'autre, ces objets fixes devraient en vertu de cette translation, nous paraître changer de place. La prodigieuse distance des étoiles, dit Copernic, est la réponse à cette objection. Pour un œil placé dans une étoile, la grandeur de notre orbe serait absolument nulle, ne paraîtrait qu'un point ; et quant à nous, qui marchons autour du Soleil, l'apparence de cette orbe dessinée dans le ciel s'évanouit et échappe par sa petitesse à notre vue. Ce langage est celui de Copernic même, son système n'était pas nouveau relativement aux deux mouvements de la Terre, mais il présente ses idées avec une assurance qui est la confiance du génie ; il les conçoit avec une puissance d'esprit qui marque qu'elles lui étaient propres. Si elles n'eussent point paru avant lui sur la terre, il les aurait inventées ; elles prennent entre ses mains un caractère original (*).

Il ne poussait pas ses calculs jusqu'à la minutie la plus subtile, comme le faisaient quelques savants qui, tout en comptant par minutes, secondes, tierces, se trompaient d'heures et de jours entiers. Copernic aimait à cet égard à

(*) Bailly, *Histoire de l'Astronomie moderne.*

répéter la fable d'Ésope, de ce pasteur qui, en courant après les oiseaux, non seulement ne put les atteindre, mais perdit la vache qui le nourrissait. « Si je parviens, disait-il, à représenter les observations à 10 minutes d'arc près, je me réjouirai autant que Pythagore quand il trouva le carré de l'hypothénuse. » Sans cette licence, dit Képler, nous n'aurions pas la Syntaxe de Ptolémée, ni le livre *De Revolutionibus.*

Cette simplicité d'explication est la première et la plus grande preuve du mouvement de la Terre autour du Soleil. Les hommes sentent par instinct que la nature est simple; les stations et les rétrogradations des planètes offraient des apparences bizarres : le principe qui les ramenait à une marche simple et naturelle ne pouvait être qu'une vérité.

Les découvertes modernes ont ajouté des preuves sans nombre à cette raison de vraisemblance. L'aplatissement du globe, l'accourcissement du pendule, la vitesse de la lumière, le phénomène de l'aberration des étoiles sont autant d'effets des deux mouvements de la Terre. La théorie de l'attraction a achevé de démontrer la nécessité du mouvement annuel. Dès que cette force est la cause du mouvement dans l'univers, le Soleil, dont la masse est considérablement plus grande que celle de toutes les planètes réunies, doit rester leur soutien central, et les faire toutes mouvoir autour de lui ; il ne doit pas avoir moins de prise sur la Terre, qui est petite et légère, que sur les lourdes masses de Jupiter et Saturne. L'attraction ne peut donc pas exister sans le mouvement de la Terre; les preuves de cette force primitive, qui anime tout, sont en même temps les preuves que notre demeure ne peut rester en repos. Cette hypothèse, si l'on peut encore lui donner ce nom, est le principe de tout en astronomie ; elle est le lien de toutes les vérités physiques ; sans elle il n'y aurait plus de doctrine, la lumière manquerait à chaque pas. Toutes les connaissances humaines dans ce genre forcent donc de l'admettre, et comme le remarque très bien Lalande (*Astronomie*, art. 1099), un traité d'astronomie n'est qu'une suite de preuves du mouvement de la Terre.

Une fois le mouvement de la Terre admis, il fallait rejeter toutes les hypothèses des anciens, présenter un nouveau plan de l'univers et expliquer les mouvements des corps célestes en les accompagnant de preuves irrécusables. Copernic l'a fait. Il indiqua les places des planètes, expliqua le mouvement de la Terre et de la Lune et, en suivant pas à pas Ptolémée, il résolut de préparer une exposition nouvelle de l'astronomie tout entière. Que d'observations et de calculs il fallait faire pour y arriver! En 1509 et 1511, il observa des éclipses de Lune. En 1512, à deux reprises, il indiqua la position de Mars; deux années plus tard, il signala la place de Saturne. En 1515, il observa la position de l'*Épi* et l'équinoxe d'automne, et l'année suivante l'équinoxe de printemps. En 1518, il désigna encore une fois la place de Mars, en 1520, celle de Jupiter et de Saturne. En 1522 et 1523 il observa des éclipses de Lune et la place de Mars, et en 1525 l'*Épi* et la conjonction de Vénus avec la Lune. Toutes ces observations montrent que Copernic n'était pas seulement théoricien, mais savait joindre la pratique à la théorie.

Un des premiers avantages du système de Copernic fut de permettre de mesurer les distances des planètes.

On peut établir des rapports de grandeur entre leurs différents orbes, enchaîner ces rapports par une mesure commune, en tirer la dimension de tout le système planétaire, et la grandeur réelle de l'univers. Ces connaissances ne pouvaient s'acquérir que par le mouvement de la Terre.

Si d'un lieu quelconque vous regardez un objet éloigné, à travers la campagne nue, le rayon visuel qui s'étend de votre œil à l'objet ne peut vous faire connaître sa distance; vous n'en aurez aucune idée un peu exacte tant que vous resterez à la même place; mais si vous vous déplacez vers la droite ou la gauche, vous établissez des points de comparaison; vous pourrez comparer le but au chemin que vous avez parcouru en vous écartant, et ce chemin, mesuré par vos pas, vous donnera l'idée de la distance que vous n'avez pas parcourue. Cette estimation sera d'autant plus exacte que vous aurez le coup d'œil plus juste. Mais quand les sciences se perfectionnent, quand les instruments sont inventés, il n'est plus question d'estimation, il faut des mesures. Alors vous remarquerez que l'objet, vu de votre second point, ne répond plus au même endroit de l'horizon. Ce changement de lieu de l'objet, qui vient uniquement de ce que vous avez changé de place, nous l'appellons parallaxe.

On peut mesurer avec un instrument ce changement de lieu; la distance de l'objet s'en déduit par la géométrie. C'est ainsi que la Lune est vue au même instant en différents points du ciel, de différents lieux de la surface de la Terre. Hipparque, qui remarqua cette variété d'aspects, en conclut la distance de la Lune. La parallaxe est d'autant plus petite que la distance de l'astre est plus grande; à mesure que l'astre s'éloigne, la Terre diminue pour lui de grandeur; si la distance est considérable, la Terre pourra devenir si petite, qu'elle ne sera aperçue que comme un point. Tout le chemin que nous pourrons faire sur sa surface sera insensible, ne changera point la direction du rayon visuel; quelles que soient nos courses sur le globe, l'objet restera constamment à la même place. La distance de la Lune est connue depuis deux mille ans. Mais Hipparque s'arrêta après l'avoir trouvée : toutes les autres planètes avaient des parallaxes trop petites pour les instruments anciens. Hipparque et Ptolémée en conclurent seulement que ces planètes sont très éloignées.

La Terre étant supposée immobile, il eût été nécessaire à l'homme d'en pouvoir sortir, de s'élancer dans l'espace avec ses instruments pour s'éloigner de sa demeure, et d'acquérir par un changement de lieu suffisant, par une parallaxe assez grande, la notion exacte de la distance, que lui refusait le repos de notre monde. Ce fut l'un des premiers résultats de l'œuvre de Copernic; voilà le service qu'il a rendu à l'esprit humain et aux sciences. En restituant à la Terre son mouvement réel, l'homme se trouve transporté avec elle, il peut juger de l'étendue du monde par son voyage annuel. Ce ne sont plus de petits intervalles, comme ceux qu'il parcourt sur un globe de dix mille lieues de tour; il suit une circonférence, dont soixante-quatorze millions de lieues font le diamètre. Voilà la base d'une grande parallaxe; et dans cette longue route on a des stations à choisir pour établir des mesures. A chaque pas que fait la Terre dans son orbite, ce déplacement change l'apparence du lieu des planètes dans le ciel. Ces déplacements accumulés forment des changements sensibles. Il s'agit uniquement de bien connaître le mouvement propre de la planète, de bien établir à chaque instant le lieu où elle est vue du Soleil, et en comparant ce lieu avec le lieu observé de la Terre, on a la différence qui résulte du déplacement de notre globe. C'est une véritable parallaxe que l'on a nommée parallaxe du grand orbe, parallaxe de l'orbe annuel. Cette parallaxe est d'autant plus petite, que la planète est plus éloignée; mais la moindre est de plusieurs degrés. Copernic en conclut le rapport de la distance de chaque planète au rayon de l'orbite terrestre, c'est-à-dire à l'intervalle qui sépare la Terre du Soleil. C'est le mètre des distances de toutes les planètes.

Il eut donc les rapports de ces distances, et une échelle de grandeurs depuis la coudée, la toise, la lieue, jusqu'au rayon du globe; depuis ce rayon du globe jusqu'au rayon de l'orbite annuelle; et enfin depuis le rayon de cette orbite jusqu'aux distances des autres planètes, qui composent notre système solaire. L'astronomie dirigée par Copernic embrassait l'univers par la succession de ses mesures. Les parties n'étaient plus détachées, comme dans l'hypothèse de Ptolémée, et leur union était un caractère de vérité. Tous ces rapports n'ont pu être déterminés avec précision par Copernic lui-même; mais il montra qu'ils étaient enchaînés, que plusieurs dépendaient d'un seul, et dirigea le travail et les efforts de ses successeurs.

Ainsi, nous venons de le voir, c'est par une suite de raisonnements philosophiques que Copernic parvint à montrer qu'il n'est pas nécessaire de placer la Terre au centre du monde, en s'appuyant surtout sur cette remarque que les effets sont les mêmes soit que la Terre se meuve, soit que les astres se meuvent autour d'elle, et que le choix doit être déterminé par la simplicité des causes. Il doutait avec raison que cette adoption pût devenir universelle; il a fallu du temps; plusieurs astronomes célèbres et Tycho lui-même ont rejeté son opinion. Copernic sentait que le témoignage des sens était contre elle; l'idée la plus naturelle est que la vérité doit être conforme à leur rapport. On suit ce plan pour faire des observations, on part de ce principe pour bâtir des explications; on les accumule à mesure que les phénomènes se multiplient, et jusqu'à ce que les absurdités se fassent sentir. Alors un esprit clairvoyant, comme Copernic, ose s'élever contre une opinion reçue, il lutte quelque temps avec son siècle, avant de l'entraîner. Mais tous ces préliminaires ont été nécessaires; le système le plus naturel en apparence a dû précéder celui qui est le plus vrai, des siècles ont dû s'écouler pour ces établissements et ces destructions.

Les idées de Copernic se répandirent après sa mort; mais elles ne furent pas généralement adoptées; les esprits résistèrent longtemps à cette innovation. Le plus zélé de ses disciples fut Rhéticus, professeur de mathématiques à Vittemberg, qui, sur la réputation de ce grand homme, quitta sa chaire, alla en Pologne, et s'instruisit par ses leçons. Ce fut lui qui l'aida dans la composition de ses tables. On attribue à Rhéticus l'usage des sécantes dans le calcul astronomique; celui des tangentes avait déjà été introduit par Régiomontanus.

Rhéticus, né en 1514, mourut en 1576.

Copernic ayant établi que toutes les planètes se mouvaient dans des cercles, suivant le préjugé de l'antiquité, il restait à expliquer leurs inégalités. Il se servit pour cela des mêmes hypothèses que Ptolémée, il fit voir que l'inégalité du Soleil pouvait être représentée par un excentrique ou par un épicycle. On ne se dégage pas d'un seul bond des erreurs séculaires.

Quant à la Lune, Copernic adopta le premier épicycle que Ptolémée avait établi, faisant son tour dans le temps d'une révolution de la Lune le long du zodiaque; mais il en imagina un second, qui, portant cet astre, roulait dans la circonférence du premier. Ces trois mouvements du centre du premier épicycle sur le déférent, du centre du second sur la circonférence du premier, et de la planète dans la circonférence du second, étaient dans des cercles, et toujours uniformes à l'égard de leur centre. Ainsi les lois de la nature paraissaient conservées. Il régla que la distance moyenne de la Lune à la Terre était de 60 1/2 de ces demi-diamètres (*), et que le rayon du plus grand des épicycles en contenait 5 1/6.

(*) C'est à très peu près la distance déterminée par les mesures modernes, qui est de 60,27 demi-diamètres de la Terre.

L'astronome polonais chercha la distance du Soleil par la méthode dont Ptolémée s'était servi et qui est tirée de la mesure des éclipses; il la trouva de 1 179 demi-diamètres terrestres. Ptolémée avait trouvé 1 210, et Albategnius 1 146, Tycho trouva depuis 1 182. Régiomontanus admire cet accord dans un problème si difficile. Mais quand on use de la même méthode, et d'observations qui ne sont pas beaucoup plus précises, on s'accorde dans l'erreur comme dans la vérité (*).

Copernic a également calculé les diamètres apparents du Soleil et de la Lune, sans arriver davantage à une mesure plus précise que celles qui étaient adoptées de son temps. A propos des éclipses il chercha, d'autre part, quelle est la longueur du cône d'ombre que la Terre forme derrière elle; il la trouva de 265 demi-diamètres terrestres, et le rapport du diamètre de cette ombre à celui de la Lune comme 403 à 150 (**). Toutes ces déterminations sont très proches de celles de Ptolémée. Copernic n'a guère avancé l'astronomie que par le système qu'il renouvela, mais aussi ce système-là devait entièrement transformer la science.

Tycho a démontré le premier que le diamètre

(*) D'après les mesures modernes, la distance du Soleil est de 23 400 demi-diamètres terrestres, c'est-à-dire de 149 millions de kilomètres.

(**) Le cône d'ombre que la Terre forme derrière elle, à l'opposé du Soleil, est de 108 fois et demie le diamètre de notre globe ou de 345 000 lieues. Là il finit en pointe. A la distance moyenne de la Lune, l'ombre de la Terre est un peu plus de deux fois (2,2) plus large que la Lune.

de la nouvelle lune paraît plus petit que celui de la pleine lune, à cause de l'irradiation. Il fixait le premier à 28′45″, et le second à 36′ lorsque la lune est également périgée. Le diamètre du Soleil était, disait-il, augmenté seulement de 3′. Et il ajoutait même que le Soleil ne peut être tout à fait caché par la Lune. Comment pouvait-il ignorer l'existence des éclipses totales de Soleil? Ces faits nous montrent que l'observation des diamètres était alors trop incertaine pour que l'on osât s'y fier. Képler rapporte que, le 22 février 1591, le diamètre de la Lune fut mesuré vingt-deux fois de suite; on le trouva deux fois de 31′, six fois de 32; sept fois de 33, six fois de 34; une fois de 36. Quel résultat pouvait-on établir sur des mesures qui différaient de 5 minutes?

Pour les mouvements des planètes, Copernic supprime la première inégalité, due à la translation de la Terre, mais il ne peut encore supprimer la seconde, due au mouvement propre des planètes. Ptolémée avait employé un épicycle pour tenir lieu du mouvement de la Terre, et une excentricité pour représenter l'inégalité propre de la planète. Copernic prend cette excentricité, ou plutôt les 3/4 de cette excentricité, pour la donner à son excentrique, et il établit un épicycle qui a pour diamètre l'autre quart de cette excentricité. Il y a donc complication de moyens, et l'astronomie était encore bien éloignée de la simplicité qu'on cherchait. Copernic proposa encore une autre explication : c'était celle qu'il avait proposée pour la Lune, d'un épicycle roulant sur un autre épicycle et porté sur un déférent. Il n'employa point d'épicycle pour Vénus, mais il fit mouvoir le centre de l'orbite de Vénus sur un petit cercle semblable à celui que Ptolémée avait déjà employé en pareille circonstance. On peut croire que ces deux artifices pouvaient tenir compte de l'excentricité de Vénus et de celle de la Terre, dont les effets se compliquent dans les apparences. L'excentricité de Ptolémée partagée et l'épicycle établi du quart de cette excentricité avaient le même objet. Ainsi Copernic, en voulant dépouiller les apparences du mouvement des planètes de tout ce qui tient au mouvement de la Terre, manquait son objet par son respect pour le vieux préjugé des mouvements circulaires : il voulait que la Terre tournât suivant un cercle; mais en réalité elle suit une ellipse.

La complication n'est pas moins grande pour expliquer la variation de la latitude des planètes; il attribue ce balancement à trois causes : le changement de position de la planète dans son orbe incliné à l'écliptique, par lequel elle s'éloigne plus ou moins de ce cercle; la distance de la Terre à la planète, qui étant plus ou moins grande, à cause du mouvement propre de notre globe, fait paraître la latitude sous un angle plus ou moins grand. Tout cela était bien jusque-là, mais il admet une variation par laquelle l'inclinaison est augmentée ou diminuée, et qui s'exécute dans de petits cercles. Etc., etc. L'astronomie devait attendre un long siècle avant d'être débarrassée de tous ces échafaudages par Képler.

Au reste, Copernic n'a pas fait la multitude d'observations que demandaient toutes les théories qu'il a établies. Il s'est servi de celles qui avaient été faites avant lui, et notamment par Ptolémée. Il s'est proposé de représenter tous les mouvements qui en résultent par des hypothèses plus simples et mieux fondées; et quoique les modernes aient beaucoup ajouté à la simplicité des explications, on ne peut s'empêcher d'admirer qu'il ait supérieurement réussi dans son projet. Il a eu le courage de tenter la réforme, il en a exécuté une partie, et son nom vivra autant que l'astronomie (*).

Les instruments d'optique n'étant pas inventés au temps de Copernic, on peut se demander quels appareils servirent à ses observations. Ils consistèrent en tringles de bois, mobiles autour d'une charnière fixée sur une tige verticale et pouvant être dirigées sur un astre quelconque. Ces simples appareils servaient à mesurer : la distance d'un astre au zénith, sa hauteur au-dessus de l'horizon, l'angle qu'il formait avec le méridien du lieu, etc. Une règle graduée mesurait ce que nous pourrions appeler l'ouverture du compas. La circonférence du cercle était déjà divisée en 360 parties nommées degrés. L'intervalle d'un degré n'était pas assez grand sur ces règles de bois pour être divisé en 60 parties; il l'était ordinairement en 12, représentant chacune 5 minutes d'arc. Pour apprécier les fractions de ces parties, Tycho, Nonnius et Vernier imaginèrent plus tard de marquer des divisions supplémentaires sur le bord de la règle ou du cercle, ou sur un rapporteur, divisions qui permirent de pousser l'exactitude jusqu'aux minutes d'arc et même plus loin. Des divers appareils inventés

(*) Bailly, *Histoire de l'Astronomie moderne.*

pour les mesures des angles et des positions astronomiques, le plus célèbre était l'astrolabe, construit par Hipparque au premier siècle avant notre ère, et par lequel les longitudes et latitudes des astres pouvaient être déterminées directement.

Comme les astronomes de son temps, Copernic construisit pour son usage un quart de cercle, une règle parallactique et les divers instruments de bois dont Ptolémée avait donné les principes et enseigné la construction. L'astronome d'Alexandrie faisait encore la loi après quatorze siècles. Les premières lunettes d'approche n'ont été construites qu'en 1590 par un fabricant de bésicles de Middelbourg (Hollande), nommé Zacharie Jansen, et n'ont été mises dans le domaine public qu'en 1606 par Jean Lippershey, fabricant de bésicles, également de Middelbourg, et ce n'est qu'en 1609 que Galilée appliqua le premier les instruments nouveaux à l'astronomie : dès ses premiers essais il découvrit les taches de la Lune, celles du Soleil montrant sa rotation, et les quatre satellites de Jupiter. Cependant il ne fut pas suivi par les vieux astronomes, dont plusieurs moururent sans avoir voulu même essayer des lunettes, persuadés qu'elles étaient plus nuisibles qu'utiles à déterminer la position exacte des étoiles !

Tycho-Brahé a donné la description de l'instrument parallactique fait de la main de Copernic, et dont il se servait dans ses observations. Nicolas Muler en a donné la description dans son édition du livre de Copernic (1617), et nous le reproduisons ici. Cet instrument très simple se compose de trois morceaux de bois : un montant vertical AB posé sur un pied, une branche mobile FE autour du sommet du montant et portant deux petites pièces de bois percées; cette branche glisse à son extrémité libre le long d'une règle également mobile BC, fixée par une charnière au bas du montant, et mesure l'ouverture de l'angle de cette espèce de compas. La

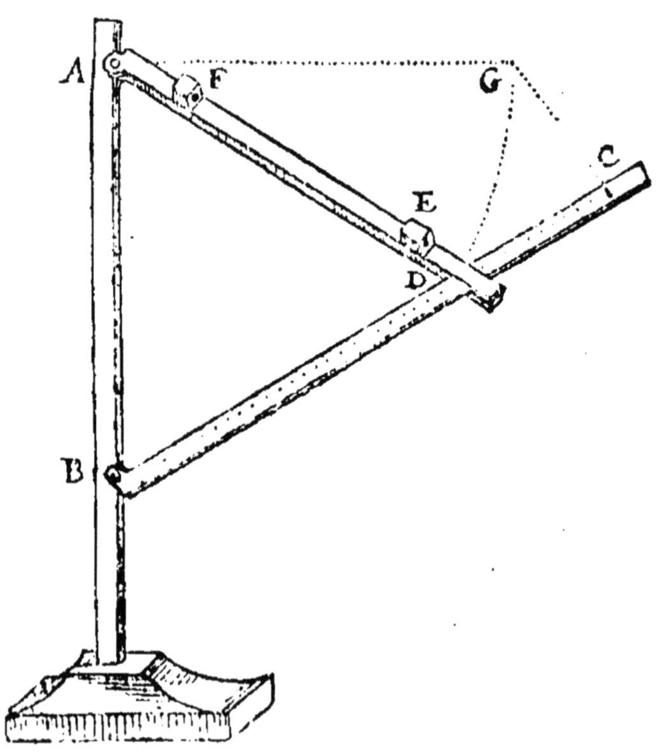

Fig. 3. — Instrument dont se servait Copernic.

règle est divisée en 1414 parties et la branche en 1000. Les divisions sont faites à l'encre.

Voilà le seul instrument qu'avait à sa disposition le restaurateur de l'astronomie moderne. Plusieurs inconvénients se font apercevoir au premier examen. Les ouvertures ne sont pas assez fines, les divisions faites à la main manquent de précision mathématique, c'est pourquoi l'instrument parallactique n'a aucune valeur et n'est plus en usage. Cependant Tycho ne se contint pas de joie quand Jean Havonius, évêque de Warmie, le lui envoya en cadeau. Il le plaça dans son observatoire et le garda comme objet le plus précieux. Le souvenir de Copernic l'exalte ; l'astronome se fait poète et nous laisse cette chaleureuse improvisation, dont nous avons déjà parlé plus haut, et dont voici le principal dithyrambe :

« La terre ne produit pas un pareil homme dans l'espace de plusieurs siècles. Il a pu arrêter le Soleil dans sa course autour des cieux et faire circuler la Terre immobile ; il a fait tourner autour d'elle la Lune et transformé l'aspect de l'univers. Voilà ce que Copernic a osé avec ces petits bâtons liés avec un art si facile. Il a donné des lois à l'Olympe tout entier. A ces vils morceaux de bois il a su soumettre les étoiles élevées, et, pénétrant dans l'intérieur des voûtes célestes, il a exécuté ce qu'il ne fut permis à aucun mortel d'accomplir depuis le commencement du monde. Qu'est-ce qui est supérieur au génie? Jadis les géants, voulant pénétrer dans les cieux, ramassèrent les montagnes et les placèrent les unes sur les autres. Ils entassèrent Pellion, Ossa, l'Etna et tant d'autres, et cependant, puissants par la force, faibles par l'esprit, ils n'ont pu pénétrer dans les sphères célestes. Lui, célèbre, confiant dans la puissance du génie, faible de corps, avec ces minces morceaux de bois, il a surmonté les hauteurs de l'Olympe. Oh! les souvenirs, les vestiges d'un tel homme sont inappréciables, même lorsqu'ils sont de bois. L'or envierait leur valeur, s'il les pouvait apprécier.»

Ces vers, dont nous ne venons de donner qu'une traduction simple, furent composés le jour même où Tycho-Brahé reçut l'instrument de Copernic; ils furent encadrés et placés auprès de ce précieux souvenir.

Ainsi, du temps de Copernic, les lunettes et télescopes n'étaient pas inventés, et l'on se servait d'instruments de cuivre ou de bois pour mesurer les angles entre deux astres et constater leurs positions. La première lunette astronomique fut construite par Galilée en 1609, six ans après la mort du grand observateur Tycho-Brahé. De nombreuses conquêtes dues à cette invention précédèrent l'application qu'on en fit aux instruments de mesure. On avait déjà découvert successivement les satellites de Jupiter, les taches du Soleil, les phases de Vénus, ce que l'on nommait alors la triplicité de Saturne, les amas télescopiques d'étoiles, et la nébuleuse d'Andromède, lorsque l'astronome français Morin, déjà célèbre par ses travaux sur le problème des longitudes, eut l'idée de fixer une lunette à l'alidade d'un instrument destiné à mesurer des angles et de chercher à voir Arcturus en plein jour.

Picard ne se servait point encore de lunette en 1657 pour son quart de cercle, et Hévélius, lorsque Halley lui rendit visite en 1679, pour juger de l'exactitude de ses mesures de hauteur, observait à l'aide de dioptres ou de pinnules perfectionnées.

Huygens, dont la naissance tombe à peine vingt-cinq ans après l'époque généralement assignée à la découverte du télescope, n'ose déjà pas se prononcer sur le nom du premier inventeur. D'après les recherches faites dans les archives par Swinden et Moll, Lippershey n'était pas seul à posséder, le 2 octobre 1608, des télescopes construits par lui-même. L'envoyé français, le président Jeannin, écrivait, le 28 décembre, à Sully, « qu'il était en pourparlers avec le fabricant de lunettes de Middelbourg au sujet d'un télescope destiné au roi Henri IV. » Simon Marius (Mayer de Gunzenhausen), qui eut aussi sa part dans la découverte des satellites de Jupiter, raconte même que, à Francfort-sur-le-Mein, dans l'automne de l'année 1608, un Belge a offert un télescope à son ami Fuchs, de Blembach, conseiller privé du margrave d'Anspach. On fabriquait des télescopes à Londres au mois de février 1610, un an par conséquent après que Galilée avait achevé le sien. Ces instruments se nommèrent d'abord *cylindres*. Porta, l'inventeur de la *Chambre obscure*, a parlé comme l'avaient fait avant lui Fracastor, le contemporain de Colomb, Copernic et Cardan, de la possibilité de grossir et de rapprocher les objets à l'aide de verres convexes et concaves placés les uns sur les autres : « *Duo specilla ocularia alterum alteri superposita* ; » mais la découverte du télescope ne peut pas leur être attribuée (*). Les bésicles

(*) On trouve dans la vie de Fracastor un fait extrêmement remarquable relativement à l'invention du télescope. Dans sa théorie de la visibilité des planètes, il explique leurs variations d'éclat en disant que les images sont agrandies en passant par un milieu plus épais. Cette explication est curieuse. On connaissait depuis deux siècles les bésicles, qui servent à soulager les vues affaiblies. Lorsque Fracastor veut prouver que la den-

étaient connues à Harlem dès le commencement du XIVe siècle, et une inscription sépulcrale dans l'église de Sainte-Marie-Majeure, à Florence, désigne comme l'inventeur de ces instruments Salvino degli Armati, mort en 1317. On a même des renseignements qui paraissent certains sur l'emploi de bésicles par des vieillards, dans les années 1305 et 1299. Les passages de Roger Bacon ont trait à la force amplifiante de segments taillés dans des globes de verre.

De longs tuyaux, employés peut-être pour les anciens dioptres ou les fentes de leurs alidades, ont pu jusqu'à un certain point améliorer les observations, avant l'invention des lunettes d'approche, Aboul-Hassan parle, en termes précis, de tuyaux à l'extrémité desquels on fixait les dioptres oculaires et objectives, et l'on retrouve aussi cette disposition en usage à Meragha, où un observatoire avait été fondé par Houlagon (*).

sité d'un milieu transparent agrandit les objets qui sont vus à travers, il observe que cet agrandissement est proportionné à l'épaisseur du milieu : entre des objets semblables vus dans l'eau, ceux du fond paraissent plus grands que ceux qui sont à la surface; Fracastor ajoute que si l'on pose deux verres de lunettes l'un sur l'autre, on verra les objets plus grossis que par un seul. Ici Fracastor touchait presque à la théorie des télescopes; il n'avait qu'à éloigner les deux verres; mais un siècle devait s'écouler encore avant cette invention! A quoi a-t-il tenu que cette idée ne se soit présentée à lui? C'est ce qu'on ne peut dire; le pas semble facile à faire, mais il n'a pas dépendu du hasard. Le hasard ne crée pas : il fait tomber un fruit mûr; voilà tout. Telle idée, telle découverte que nous concevons tout à coup, et que nous croyons spontanée, a mille racines dans le passé. Celles qui ne sont pas mûres doivent attendre leur saison, comme des germes semés ensemble dans la même terre, et qui ne se développent que successivement, par différentes influences.

(*) Humboldt, *Cosmos*, tome II.

Ces tuyaux suppriment une grande partie de la lumière émanée des couches atmosphériques qui se trouvent entre l'œil et l'astre observé; même pendant la nuit, ils protègent l'œil contre l'impression latérale que produisent les particules d'air faiblement éclairées par l'ensemble des astres du firmament. Aussi l'intensité de l'image lumineuse et les dimensions apparentes des étoiles sont-elles alors sensiblement agrandies. Dans un passage souvent corrigé et controversé, où Strabon parle de la vision à travers des tuyaux, il est question de « la figure amplifiée des astres. » C'est à tort, évidemment, qu'on a cru trouver dans ces mots une allusion quelconque aux effets des instruments réfracteurs.

Le passage où Strabon cherche à combattre l'opinion de Posidonius est ainsi conçu, d'après les manuscrits : « L'image du Soleil paraît agrandie, sur la mer, à son lever aussi bien qu'à son coucher, parce que les vapeurs montent en plus grande quantité de l'élément humide; car l'œil qui regarde à travers les vapeurs reçoit, *comme lorsqu'il regarde à travers un tuyau*, des rayons brisés qui forment une image de forme plus grande; et la même chose arrive lorsqu'il aperçoit, à travers un nuage sec et mince, le Soleil ou la Lune à leur coucher; dans ce dernier cas, l'astre paraît aussi rougeâtre. » On a cru, encore récemment, que ce passage avait été altéré, et qu'au lieu de : δι αὐλῶν, il fallait lire : δι ὑάλων, *à travers des globes de verre*. La puissance amplifiante du globe de verre rempli d'eau était aussi bien connue des anciens que les effets des verres ou des cristaux ardents et de l'émeraude de Néron; mais ces globes ne pouvaient en rien servir aux instruments astronomiques.

On le voit, ce n'est que soixante-six ans après la mort de Copernic que les lunettes furent appliquées à l'étude du ciel et que les progrès de l'esprit humain, dans une branche toute spéciale de la physique, amenèrent successivement la construction de ces instruments admirables qui ont si magnifiquement confirmé et développé l'esquisse du système du monde tracée par le génie de l'astronome polonais.

CHAPITRE VI

PUBLICATION DU LIVRE DE COPERNIC

Lenteur et profondeur des travaux de Copernic. Son indifférence pour la gloire. Ses hésitations. — Il se décide enfin à publier son livre, et le dédie au pape.

Le laborieux chercheur avait commencé dans l'année 1507 à formuler en corps de doctrine le résultat de ses méditations et à écrire un ouvrage contenant ses calculs, ses observations, ses tables, ses arguments et ses conclusions. Cet ouvrage, qu'il écrivait à loisir et sans ambition de nouveauté littéraire, fut rédigé lentement, modifié, repris, corrigé, à mesure que des considérations nouvelles ou des observations récentes apportaient une nouvelle pierre, un nouveau ciment à l'édifice projeté. D'année en année, ce monument scientifique s'élabora, se forma, se compléta, et paraît avoir été à peu près terminé vers 1514. Puis il le garda chez lui, manuscrit, en y retouchant encore de temps en temps, et sans ressentir aucun désir de l'imprimer pour les autres astronomes, encore moins pour le public.

Ces temps-là sont passés! De nos jours, ce n'est plus par année que la plupart des auteurs comptent l'élaboration de leurs ouvrages, mais par mois, ou pour mieux dire par semaine. Pense-t-on plus vite ? Est-on plus actif ? Le fait est probable, mais n'explique pas cette superfluité. Nous sommes plus légers, et nous écrivons des myriades de livres sur des riens. Ces livres-là sont comme des feuilles légères que le vent emporte : ils n'ont aucune vitalité et durent à peine l'espace d'un matin. Les ouvrages qui restent après la consécration des années et traversent les générations sont aussi rares aujourd'hui qu'autrefois, et les Copernic ne se rencontrent pas plus souvent dans l'Europe du XIXe siècle que dans celle du XVIe. Cependant la vie de ces immortels auteurs doit nous être d'un salutaire exemple pour nous rappeler que les progrès réels de l'esprit humain ne s'improvisent pas, mais sont dus à de patientes recherches, à de profondes méditations.

Tous les astronomes, tous les grands savants de son époque avaient entendu parler du travail de Copernic et connaissaient de réputation sa théorie du mouvement de la Terre, lorsqu'en 1541, devenu septuagénaire, il se décida à le faire imprimer. Il expose lui-même ses longues hésitations dans l'*Épître au pape* qu'il eut l'heureuse idée de placer à la première page de son livre. Voici en quels termes il explique ses retards :

« J'hésitai longtemps si je ferais publier mes commentaires sur les mouvements des corps célestes ou s'il ne serait pas mieux de suivre l'exemple de certains Pythagoriciens qui ne laissaient rien d'écrit, mais oralement d'homme à homme communiquaient aux adeptes et aux amis les mystères de la philosophie, comme le prouve la lettre de Lysis à Hipparque. Ils ne le faisaient pas, comme quelques-uns le pensent, par un esprit d'une excessive jalousie, mais afin que les questions les plus graves étudiées avec le plus grand soin par les hommes illustres ne fussent pas dénigrées par des fainéants qui n'aiment pas à se livrer aux travaux sérieux, à l'exception des études lucratives, ou par des hommes bornés qui, tout en se livrant aux sciences, par l'indolence de leur esprit se faufilent parmi les philosophes comme les bourdons parmi les abeilles.

« Quand j'hésitais, et que je résistais, mes amis me stimulaient. Le premier était Nicolas Schonberg, cardinal de Capoue, homme d'une grande érudition. L'autre, mon meilleur ami, Tideman Gysius, évêque de Culm, autant versé dans les saintes Écritures, qu'expert dans les autres sciences. Ce dernier m'engageait souvent et me pressait tellement qu'il me décida enfin à livrer au public l'œuvre que je gardais depuis plus de vingt-sept ans. Plusieurs autres hommes illustres m'exhortèrent, dans l'intérêt des sciences mathématiques, de vaincre ma répugnance et de livrer au grand jour les fruits de mes travaux. Ils me prédisaient que plus ma théorie sur le mouvement de la Terre paraissait absurde, plus elle serait admirée, quand la publication de mes commentaires auront dissipé les doutes par les démonstrations les plus claires. Cédant à ces instances et me berçant du même espoir, je consentis à l'impression de mon ouvrage. »

Grâce, comme on le voit, aux instances de ses amis, Copernic mit son œuvre entre les mains de Gysius, en l'autorisant à en disposer comme il l'entendrait. Gysius songea à qui confier un trésor d'une si haute importance. Il connaissait les mérites de Rhéticus, et savait quel attachement voua ce disciple à son maître. Il ne crut pas pouvoir faire un meilleur choix, et lui expédia le manuscrit en Saxe, en l'engageant à apporter à la publication d'un tel ouvrage tous les soins qu'elle exigeait. Rhéticus ne perdit pas de temps, c'est à Nuremberg qu'il fit imprimer ce manuscrit sous le titre : NICOLAI COPERNICI TORINENSIS, DE REVOLUTIONIBUS ORBIUM COELESTIUM *libri VI, in quibus stellarum et fixarum et erraticarum motu ex veteribus atque recentibus observationibus, restituit hic autor. Præterea tabulas expeditas luculentasque addidit, ex quibus eosdem motus ad quodvis tempus Mathematum studiosus facillime calculare poterit.*

Rhéticus choisit la ville de Nuremberg pour l'impression de cette œuvre, d'abord parce qu'il pouvait lui-même y venir de temps en temps pour surveiller le travail, ensuite parce que Schoner et Osiander, tous deux ses amis, y habitaient eux-mêmes, et étaient à la fois capables d'apprécier l'œuvre de Copernic et assez zélés pour le remplacer et donner leurs soins à la publication de son ouvrage.

Rhéticus était le plus grand admirateur de Copernic, et la manière dont il avait fait sa connaissance et était devenu son disciple mérite d'être rapportée. Il était certainement l'homme qui pouvait le mieux s'acquitter du devoir de publier le travail du maître. Jeune et ardent il professait les mathématiques à Wittemberg, lorsqu'il entendit parler de l'astronome de

Frauenbourg. Il était mécontent de toutes les hypothèses qui formaient le système astronomique de Ptolémée; celui de Copernic le charma par son extrême simplicité, et il ne douta pas qu'il ne fût beaucoup plus conforme aux lois de la nature. Il donna sa démission, abandonna sa chaire et partit pour la Prusse polonaise, avec le dessein de se présenter au grand astronome et de s'attacher à lui, en qualité de disciple et d'ami. C'était en 1539.

Tout d'abord, il alla voir à Nuremberg, un homme qu'il vénérait entre tous. C'était Schoner, professeur de mathématiques. Il lui fit part de son désir d'être attaché à Copernic, comme disciple, afin de se trouver à portée d'étudier sa doctrine, et d'y être pleinement initié. Schoner l'encouragea à suivre cette détermination.

Rhéticus partit donc pour Frauenbourg. Il obtint de Copernic la faveur de s'établir près de lui et de suivre assidûment ses travaux. Deux mois à peine s'étaient écoulés depuis son installation que, déjà plein d'admiration pour l'illustre astronome et pour ses grandes pensées, il adressait sous forme de lettre à Schoner, un écrit où, en exposant une partie de la nouvelle théorie astronomique, il exprime pour son auteur la plus respectueuse admiration. Cet écrit, publié sous le titre de *Narratio prima*, a été joint comme supplément à l'ouvrage *de Revolutionibus*. En voici un extrait.

« Je désire, savant, très savant docteur Schoner, que tu poses d'abord en principe que l'homme illustre dont maintenant j'étudie les œuvres n'est inférieur à Regiomontanus, par son savoir et ses talents, ni en astronomie, ni en aucun autre genre de doctrine. Je le comparerais plus volontiers à Ptolémée. Non que le célèbre astronome grec me paraisse supérieur à Regiomontanus, mais il a de commun avec mon maître, d'avoir pu, avec l'aide de la Providence, achever le développement de sa théorie ; tandis que, par un cruel arrêt du destin, Regiomontanus a vu finir ses jours avant d'avoir pu poser les colonnes sur lesquelles devait s'élever son édifice.

« Quand chez toi, très savant docteur Schoner, continue Rhéticus, il y a un an, je considérais, sur la théorie des mouvements célestes, les travaux de notre Regiomontanus, ceux de Purbach, son maître, les tiens, et ceux des autres mathématiciens illustres, je commençais à comprendre combien les recherches, les investigations, les essais nécessaires devaient être énormes, pour ramener l'astronomie, cette reine des mathématiques, dans sa véritable demeure céleste, et pour rétablir dignement la forme de son Empire. Mais Dieu a voulu me rendre témoin de l'accomplissement de ces immenses labeurs, bien supérieurs à l'idée que je m'en faisais d'avance, et dont mon maître soutient le poids, en se jouant, après avoir surmonté d'incalculables difficultés. Je sens que, dans mes rêves, je n'avais pas même entrevu l'ombre de cette tâche grandiose. »

Rhéticus, professeur de mathématiques, avait du talent et de l'érudition. Lorsqu'il écrivait sa *Narratio prima*, il vivait auprès de Copernic, et il était à même de le voir à chaque instant. Si Copernic n'eût pas été un de ces hommes rares qu'on trouve toujours plus grands à mesure qu'on les voit de plus près, il n'eut pas tardé à déchoir dans l'esprit de Rhéticus pendant le séjour assez long que celui-ci fit chez l'illustre astronome. On cite des hommes célèbres qui, pendant leur vie, n'ont pu conserver le prestige dont ils étaient entourés, qu'en tenant les autres hommes à une certaine distance, et en ne se laissant voir que de loin et par intervalles (*).

Copernic ne répondait qu'avec une extrême modestie aux témoignages d'admiration dont il était l'objet. Ce n'était point, disait-il, par une vaine ostentation d'esprit, ni par amour pour la nouveauté, qu'il avait cherché, en astronomie, une autre manière de rendre raison des phénomènes célestes. Poussé par la marche même des choses, c'est-à-dire par le développement des connaissances humaines, il avait été conduit à s'avancer dans une voie autre que celle que suivaient de préférence les anciens, notamment Ptolémée. Il professait pour les anciens le plus grand respect, et il ne parlait qu'avec admiration de Ptolémée, dont il renversait toutefois complètement la théorie. Il l'appelait le plus éminent des mathématiciens, et proclamait qu'Hipparque s'était distingué par une sagacité admirable.

Le prêtre astronome avait un petit nombre d'amis intimes, hommes d'élite et d'une grande érudition, il leur communiquait ses vues, ses travaux, et ce fut par leurs conseils qu'il ajouta à certaines parties de son ouvrage les détails nécessaires pour le compléter. Celui qui, par ses observations judicieuses, son profond savoir

(*) Czinski, *Copernic et ses travaux.*

et le zèle qu'inspire une amitié sincère, contribua le plus au développement de plusieurs chapitres, en déterminant Copernic à se livrer sur quelques points à des recherches nouvelles, fut le vénérable évêque de Culm, Tidemann Gysius, Polonais d'origine. Ce fut encore lui qui insista le plus pour que l'auteur livrât son ouvrage à la publicité.

« Les hommes distingués et les mathématiciens studieux, dit Rhéticus, doivent, ainsi que moi, une grande reconnaissance à l'évêque de Culm, pour avoir fait offrir cette œuvre à la république des lettres. »

« Copernic, dit ailleurs Gassendi, consentait volontiers à faire passer dans le domaine public tout ce que son livre pouvait renfermer de réellement utile; mais il n'était pas accoutumé à se faire de brillantes illusions sur son mérite personnel, et il prévoyait d'ailleurs que ses opinions, par leur nouveauté, pouvaient être choquantes pour un très grand nombre de personnes. Il trouvait donc préférable de ne communiquer son travail qu'à ses amis, à ceux qui aiment le juste et le vrai, comme cela se pratiquait dans les écoles pythagoriciennes, où l'on se transmettait amicalement les opinions sans s'exposer aux critiques de l'ignorance. »

L'impression de l'ouvrage de Copernic, surveillée avec soin, fut achevée au mois de mai 1543, année devenue célèbre par ce grand événement dans l'histoire de l'astronomie, et qui restera toujours chère au cœur des astronomes et des amis des sciences. Malheureusement, comme nous le verrons plus loin en terminant sa biographie, le vénérable réformateur était étendu sur son lit de mort lorsqu'on lui en apporta le premier exemplaire, et c'est à peine s'il put le tenir entre ses mains défaillantes et prévoir la popularité future de son nom respecté, à travers les nations et les siècles.

Rendons-nous compte un instant de l'aspect général de son ouvrage, surtout au point de vue philosophique.

C'est une opinion erronée et malheureusement très répandue encore de nos jours, que Copernic, par faiblesse et pour échapper à la persécution des prêtres, aurait présenté le mouvement planétaire de la Terre et la position du Soleil au centre du système comme une pure hypothèse (*) ayant pour but de faciliter l'application du calcul au mouvement des corps célestes, mais qui « n'était pas nécessairement vraie ni même vrai« semblable ». On ne peut nier que ces mots étranges se lisent dans la préface anonyme placée en tête de l'ouvrage de Copernic, et qui a pour titre : *de Hypothesibus hujus operis;* mais cette déclaration est complètement étrangère à Copernic et en opposition directe avec la dédicace qu'il adressa au pape Paul III. L'auteur de la préface est, ainsi que le dit Gassendi de la manière la plus positive, Osiander, chargé de diriger avec Schoner l'impression du livre, et qui, sans manifester expressément des scrupules religieux, jugea prudent de présenter les idées nouvelles comme une hypothèse et non ainsi que

(*) C'est ce que disent Laplace, *Exposition du Système du monde*, liv. 5, ch. IV; Delambre, *Histoire de l'Astronomie moderne*, tome Ier, p. 139; Petit, *Traité d'Astronomie*, 21e leçon, etc.

l'avait fait Copernic, comme une vérité démontrée (*).

L'homme que l'on peut appeler le fondateur du nouveau système du monde, car à lui appartiennent incontestablement les parties essentielles de ce système et les traits les plus grandioses du tableau de l'univers, commande moins

(*) On lit dans Gassendi, *Vita Copernici*, p. 319 : « L'évêque de Culm, Tidemann Gisius, natif de Dantzick, qui pendant plusieurs années insista auprès de Copernic pour hâter la publication de son ouvrage, obtint enfin le manuscrit avec la permission de le faire imprimer tout à fait comme il l'entendrait. Il en chargea d'abord Rhéticus, professeur à Wittenberg, qui avait quitté son maître peu de temps auparavant après un long séjour à Frauenbourg. Rhéthicus supposa que la publication se ferait à Nurenberg dans des conditions plus favorables, et confia à son tour le soin de l'impression au professeur Schoner et à Andreas Osiander, qui habitaient cette ville. » Des éloges donnés à l'ouvrage de Copernic vers la fin de l'introduction, on eut pu déjà conclure, même sans le témoignage expressif de Gassendi, que cette introduction est d'une main étrangère. Dans le titre de la première édition (Nurenberg, 1543), Osiander se sert des expressions suivantes, soigneusement évitées dans tout ce qu'a écrit Copernic : « *Motus stellarum novis insuper ac admirabilibus hypothesibus ornati* », et il ajoute cette exhortation un peu cavalière : « *Igitur, studiose lector, eme et lege fruere.* » Dans la deuxième édition (Bâle, 1566), il n'est plus question, sur le titre, des *admirables hypothèses;* mais la *præfatiuncula de hypothesibus hujus operis*, termes sous lesquels Gassendi désigne l'introduction qu'Osiander joignit au livre, a été conservée. Il résulte d'ailleurs clairement de la dédicace à Paul III, intitulée par Osiander *Præfatio authoris*, que cet éditeur, sans se nommer, a voulu cependant indiquer que la *Præfatiuncula* était d'une main étrangère. La première édition n'a que 196 pages ; la seconde en a 213, à cause de la *narratio prima*, longue lettre adressée à Schoner par l'astronome Georges-Joachim Rhéticus, qui donna pour la première fois au monde savant une connaissance exacte du système de Copernic, lettre imprimée à Bâle, par les soins du mathématicien Gassarus, dès l'année 1541.

encore peut-être l'admiration par sa science que par son courage et sa confiance. Il méritait bien l'éloge que lui décerne Képler, quand, dans son introduction aux tables Rudolphines, il l'appelle un esprit libre, « vir fuit maximo ingenio et quod in hoc exercitio (c'est-à-dire dans la lutte contre les préjugés) magni momenti est, animo liber. » Lorsque Copernic, dans sa dédicace au pape, raconte l'histoire de son ouvrage, il n'hésite pas à traiter de conte absurde, la croyance à l'immobilité et à la position centrale de la Terre, croyance répandue généralement chez les théologiens. Il attaque sans crainte « la stupidité de ceux qui s'attachent à des opinions aussi fausses ». Il dit que « si jamais d'insignifiants bavards, étrangers à toute notion mathématique, avaient la prétention de porter un jugement sur son ouvrage en torturant à dessein quelques passages des saintes Ecritures (propter aliquem locum Scripturæ male ad suum propositum detortum), il méprisera ces vaines attaques. Tout le monde sait, ajoute-t-il encore, que le célèbre Lactance a disserté d'une manière puérile sur la forme de la Terre, et s'est raillé de ceux qui la regardaient comme un sphéroïde, mais lorsqu'on traite des sujets mathématiques, c'est pour les mathématiciens qu'il faut écrire. Afin de prouver que quant à lui, profondément pénétré de la justesse de ses résultats, il ne redoute aucun jugement du coin de la terre où il est relégué, il en appelle au chef de l'Église et lui demande protection contre les injures des calomniateurs. Il le fait avec d'autant plus de confiance, que l'Église elle-même peut tirer avantage de ses recherches sur la durée de l'année et sur les mouvements de la lune. » L'astrologie et la réforme du calendrier furent longtemps seules à protéger l'astronomie auprès des puissances temporelles et spirituelles, de même que la chimie et la botanique furent, dans le principe, entièrement au service de la pharmacologie.

On le voit, le libre et mâle langage de Copernic contredit manifestement cette vieille assertion, qu'il aurait donné le système auquel est attaché son nom immortel, comme une hypothèse propre à faciliter les calculs de l'astronomie mathématique, mais qui pouvait bien être sans fondement. « Par aucune autre combinaison, s'écrie-t-il avec enthousiasme, je n'ai pu trouver une symétrie aussi admirable dans les diverses parties du grand tout, une union aussi harmonieuse entre les mouvements des corps célestes, qu'en plaçant le flambeau du monde (lucernam mundi), ce soleil qui gouverne toute la famille des astres dans leurs évolutions circulaires (circum agentem gubernans astrorum familiam) sur un trône royal, au milieu du temple de la nature. »

On ne s'est du reste pas trompé sur la certitude avec laquelle Copernic affirma la théorie du mouvement de la Terre lorsque dans l'avis de la Sacrée Congrégation de l'Index, en date de 1620, on s'exprimait dans les termes suivants :

« Attendu que Copernic ne se contente pas de poser hypothétiquement des principes sur la situation et le mouvement du globe terrestre, entièrement contraires à la sainte Écriture et à son interprétation véritable et catholique (ce qu'on ne peut tolérer dans un homme chrétien), mais qu'il ose les présenter *comme très vrais*, etc. »

Ainsi, il est incontestable que Copernic n'a pas présenté la théorie du mouvement de la Terre comme une simple hypothèse, bonne à prendre ou à laisser, mais comme un fait géométrique fondé sur l'analyse mathématique des mouvements célestes apparents. Seulement, il a pris soin de n'y mêler aucune interprétation théologique, comme le fit plus tard Galilée, qui eut le tort apparent de vouloir avoir raison contre les Écritures.

Voici la lettre qu'Osiander avait placée en tête du livre pour parer d'avance aux inconvénients de la révolution de Copernic :

« Aux lecteurs des hypothèses de ce livre : Je sais que quelques hommes érudits se sont vivement offensés en apprenant les hypothèses de ce livre et principalement celle que la terre tourne autour du soleil immobile. Ils pensent qu'il ne fallait pas ébranler les vieilles bases des sciences établies. Mais s'ils veulent bien réfléchir ils se convaincront que l'auteur n'a rien fait de répréhensible. La tâche imposée à l'astronome est d'observer exactement les mouvements célestes, de chercher les causes qui peuvent les produire, d'imaginer les hypothèses les plus propres à les bien expliquer; et puisqu'il est impossible d'arriver aux véritables causes, il doit être permis de supposer celles qui se trouveront le plus propres à faciliter les calculs. L'auteur a parfaitement satisfait à cette condition. Il n'est en effet aucun besoin que les hypothèses soient vraies ni même vraisemblables, il suffit qu'elles se prêtent au calcul. A moins d'être tout à fait étranger aux règles de la géométrie et de l'optique, peut-on trouver quelque ombre de vraisemblance dans l'épicycle de Vénus? Qui ne voit qu'en admettant la grandeur des digressions on serait obligé d'admettre que le diamètre périgée doit être plus que quadruple, et, le disque plus de seize fois plus grand que dans l'apogée. Et cependant l'expérience de tous les siècles dément cette conséquence nécessaire. Il y a, dans la doctrine astronomique, d'autres absurdités qu'il n'est pas nécessaire de critiquer daus ce moment. L'astronomie ne sait donner aucune raison aux mouvements inégaux, et si elle admet quelques principes, ce n'est pas pour en prouver la certitude, mais pour donner une base quelconque à ses calculs. Entre plusieurs explications qui conduisent aux mêmes conséquences telles que celle de l'excentrique et de l'épicycle, elle choisit celle qui lui paraît la plus facile à comprendre. C'est la Révélation seule qui pourrait faire connaître les véritables causes : que le défaut de vraisemblance ne nous empêche donc pas d'ajouter à tant d'hypothèses invraisemblables, une hypothèse nouvelle, qui n'est pas plus absurde; admettons-la bien plutôt si elle est belle, facile, et donne lieu à un grand nombre d'observations nouvelles. »

Les seuls termes de ce préambule prouvent assez qu'il n'a pas été écrit par Copernic. Gassendi en donne la clef en faisant remarquer que : « Andréas Osiander a jugé nécessaire de mettre « en tête de l'ouvrage une courte préface : tandis « que Copernic annonçait le mouvement de la « Terre comme une vérité, il voulait la faire « passer comme une hypothèse. »

Après l'avertissement d'Osiander, l'ouvrage reproduit une lettre adressée à Copernic par Nicolas Schomberg, cardinal de Capoue. Voici cette lettre, datée du 1er novembre 1536 :

« Comme tout le monde maintenant me parle, depuis quelques années, de tes mérites, j'ai commencé à examiner attentivement tes pensées, et je me range à côté des hommes de notre pays auprès desquels tu jouis d'une aussi haute renommée. Je me suis aperçu que non seulement tu scrutais d'une manière supérieure les travaux des anciens mathématiciens, mais que tu as trouvé une nouvelle interprétation du mécanisme céleste ; tu annonces le mouvement de la Terre et l'immobilité du Soleil qui occupe le centre de l'univers. La Lune, placée entre Mars et Vénus dans l'espace d'une année accomplit sa révolution autour du Soleil. Je viens aussi d'apprendre que tu as élaboré des commentaires qui donnent la raison de cette astronomie nouvelle et que tu as formé des tables dans lesquelles les mouvements des étoiles sont calculés, avec l'admiration de tous ceux qui les ont examinés. Voilà pourquoi je te prie, homme illustre, de m'envoyer ces commentaires, ces tables, ainsi que tout ce qui a rapport à ce travail. J'ai chargé Théodore de Reden d'en prendre les copies à mes frais et de me les expédier. Si tu satisfais à ma demande, entends-toi avec cet homme qui désire vivement prendre le plus tôt possible connaissance d'un ouvrage d'un si grand mérite. »

C'est après ces deux documents que se trouve seulement la préface de Copernic même, sous la forme d'épître au pape, et intitulée « ad Sanctissimum dominum Paulum III, pontificem maximum, Nicolaï Copernici præfatio. » Nous venons déjà de voir tout à l'heure avec quels accents de conviction profonde il expose le résultat de ses travaux. Nous remarquerons encore dans cette préface les sentiments suivants :

« Je dédie mon ouvrage à Votre Sainteté, « dit-il, pour que tout le monde, les savants et « les ignorants, puissent voir que je ne fuis « point le jugement et l'examen.

« Votre autorité et votre amour pour les « sciences en général et pour les mathémati- « ques en particulier me serviront de bouclier « contre les méchants et perfides détracteurs, « malgré le proverbe qui dit qu'il n'y a pas de « remède pour la morsure d'un calomniateur.

... « Les mouvements du Soleil et de la Lune « sont indiqués avec si peu de précision dans les « hypothèses anciennes qu'ils ne peuvent dési- « gner la constante et éternelle longueur de « l'année. Les anciens ne se servent pas des « mêmes principes pour expliquer les révolu- « tions des corps célestes. Tantôt ils admettent « des cercles excentriques, tantôt des épicycles « dont l'application ne se conforme pas avec « l'ensemble du système. Ils n'ont aucune base « certaine. Le problème le plus important, la « forme du monde et la symétrie des corps « célestes, est loin d'être résolu. Leur système « ressemble au corps d'un monstre composé de « membres ramassés au hasard.

« En observant les mouvements des planètes, « en rapport avec la rotation de la Terre, non « seulement nous rencontrons une parfaite ana- « logie et concordance, mais encore nous trou- « vons dans l'ensemble des corps célestes un

« ordre et une symétrie; le monde entier forme « un tout harmonieux dont les parties sont si « bien liées entre elles qu'on n'en peut pas « déplacer une seule sans introduire le désordre « et la confusion. Je suis certain que les savants « et profonds méthématiciens applaudiront à « mes recherches, si comme il convient aux « vrais philosophes, ils examinent à fond les « preuves que j'apporte dans cet ouvrage. Si des « hommes légers ou ignorants voulaient abuser « de quelques passages de l'Écriture dont ils « détournent le sens, je ne m'y arrêterais pas, « je méprise d'avance leurs attaques téméraires. « Est-ce que Lactance, d'ailleurs écrivain célè- « bre, mais faible mathématicien, n'a pas voulu « tourner en ridicule les hommes qui croyaient « à la sphéricité de la Terre? Il n'est donc pas « étonnant que le même sort me soit réservé. « Les vérités mathématiques ne doivent être « jugées que par des mathématiciens. Si mon « opinion ne me trompe pas, mes travaux ne « seront pas sans quelque utilité pour l'Église, « dont Votre Sainteté tient dans ce moment le « gouvernail. »

L'ouvrage de Copernic s'ouvre ensuite, et commence par la démonstration de la sphéricité de la Terre. Nous nous ferons un devoir et un honneur de donner plus loin l'analyse de cette œuvre gigantesque, et d'en traduire les passages fondamentaux. Qu'il nous suffise de dire ici que le livre de *Revolutionibus orbium cœlestium* démontre mathématiquement la situation du Soleil au centre du système planétaire et le double mouvement de rotation diurne et de translation annuelle de la Terre, en un mot les principes de l'astronomie moderne tels que les travaux personnels de Copernic nous les ont présentés dans le chapitre précédent. Ainsi fut affirmée pour la première fois la réalité de la constitution physique de l'univers, jusqu'alors voilée sous des apparences. Cependant nous allons voir que déjà avant Copernic on avait songé à cette réalité.

CHAPITRE VII

LE VÉRITABLE SYSTÈME DU MONDE AVAIT ÉTÉ DEVINÉ AVANT COPERNIC

Conjectures des anciens sur la possibilité du mouvement de la Terre. — Hypothèses pythagoriciennes. — Discussion de la rotation et de la translation faite par Aristote et Ptolémée eux-mêmes. — Récits de Platon, Cicéron, Plutarque, etc.

Voici ce que je lisais hier dans le *Dictionnaire philosophique* de Voltaire :

« Je crois avoir cru autrefois que Pythagore avait appris chez les Chaldéens le vrai système céleste; mais je ne le crois plus. A mesure que j'avance en âge, je doute de tout.

« Cependant Newton, Grégori et Keil, font honneur à Pythagore et à ces Chaldéens du système de Copernic et, en dernier lieu, M. Lemonnier est de leur avis. J'ai l'impudence de n'en plus être.

« Une de mes raisons, c'est que si les Chaldéens en avaient tant su, une si belle et si importante découverte, ne se serait jamais perdue; elle se serait transmise de siècle en siècle, comme les belles démonstrations d'Archimède.

« Une autre raison, c'est qu'il fallait être plus profondément instruit que ne l'étaient les Chaldéens pour contredire les yeux de tous les hommes et toutes les apparences célestes, qu'il eut fallu non seulement faire les expériences les plus fines, mais employer les mathématiques les plus profondes, avoir le secours indispensable des télescopes, sans lesquels il était impossible de découvrir les phases de Vénus qui démontrent son cours autour du soleil et sans lesquels encore il était impossible de voir les taches du soleil qui démontrent sa rotation autour de son axe presque immobile.

« Une raison non moins forte, c'est que de tous ceux qui ont attribué à Pythagore ces belles connaissances, aucun ne nous a dit positivement de quoi il s'agit.

« Diogène de Laërce, qui vivait environ neuf cents ans après Pythagore, nous apprend que, selon ce grand philosophe, le nombre Un était le premier principe et que de deux naissent tous les nombres, que les corps ont quatre éléments, le feu, l'eau, l'air et la terre ; que la lumière et les ténèbres, le froid et le chaud, l'humidité et le sec, sont en égale quantité ; qu'il ne faut point manger de fèves ; que l'âme est divisée en trois parties ; que Pythagore avait été autrefois Æthalide, puis Euphorbe, puis Hermotime, et que ce grand homme étudia la magie à fond. Notre Diogène ne dit pas un mot du vrai système du monde attribué à ce Pythagore ; et il faut avouer qu'il y a loin de son aversion prétendue pour les fèves aux observations et aux calculs qui démontrent aujourd'hui le cours des planètes et de la terre.

« Le fameux arien Eusèbe, évêque de Césarée, dans sa *Préparation évangélique*, s'exprime ainsi : « Tous les philosophes prononcent que la terre est en repos, mais Philolaüs le péripatéticien, pense qu'elle se meut autour du feu dans un cercle oblique, tout comme le soleil et la lune. » — Ce galimatias n'a rien de commun avec les sublimes vérités que nous ont enseignées Copernic, Galilée, Képler, et surtout Newton.

« Quant au prétendu Aristarque de Samos, qu'on dit avoir développé les découvertes des Chaldéens sur le cours de la terre et des autres planètes, il est si obscur que Wallis a été obligé de le commenter d'un bout à l'autre pour tâcher de le rendre intelligible. Enfin il est fort douteux que le livre attribué à cet Aristarque de Samos soit de lui. On a fort soupçonné les ennemis de la nouvelle philosophie d'avoir fabriqué cette fausse pièce en faveur de leur mauvaise cause. Ce n'est pas seulement en fait de vieilles chartes que nous avons eu de pieux faussaires. Cet Aristarque de Samos est d'autant plus suspect, que Plutarque l'accuse d'avoir été un bigot, un méchant hypocrite, imbu de l'opinion contraire. Voici les paroles de Plutarque dans son fatras intitulé « La face du rond de la Lune » : Aristarque de Samos disait que les Grecs devaient punir Cléanthe de Samos, lequel soupçonnait que le ciel est immobile, et que c'est la terre qui se meut autour du zodiaque, en tournant sur son axe. »

« Mais, me dira-t-on, cela même prouve que le système de Copernic était déjà dans la tête de ce Cléanthe et de bien d'autres. Qu'importe qu'Aristarque le Samien ait été de l'avis de Cléanthe le

Samien, ou qu'il ait été son délateur, comme le jésuite Scheiner a été depuis le délateur de Galilée? Il résulte toujours évidemment que le vrai système d'aujourd'hui était connu des anciens.

« Je réponds que non ; qu'une très faible partie de ce système fut vaguement soupçonnée par quelques têtes mieux organisées que les autres. Je réponds qu'il ne fut jamais reçu, jamais enseigné dans les écoles, que ce ne fut jamais un corps de doctrine. Lisez attentivement cette *Face de la Lune* de Plutarque ; vous y trouverez, si vous voulez, la doctrine de la gravitation. Le véritable auteur d'un système est celui qui le démontre.

« Il se trouve toujours de petits compilateurs qui osent être ennemis de leur siècle ; ils entassent, entassent des passages de Plutarque et d'Athénée, pour tâcher de nous prouver que nous n'avons nulle obligation aux Newton, aux Halley, aux Bradley. Ils se font les trompettes de la gloire des anciens. Ils prétendent que les anciens ont tout dit et ils sont assez imbéciles pour croire partager leur gloire, parce qu'ils la publient. Ils tordent une phrase d'Hippocrate, pour faire accroire que les Grecs connaissaient la circulation du sang mieux qu'Harvey. Que ne disent-ils aussi que les Grecs avaient de meilleurs fusils, de plus gros canons que nous, qu'ils lançaient des bombes plus loin, qu'ils avaient des livres mieux imprimés, de plus belles estampes, etc., etc.? qu'ils excellaient dans la peinture à l'huile ; qu'ils avaient des miroirs de cristal, des télescopes, des microscopes, des thermomètres? Ne s'est-il pas trouvé des gens qui ont assuré que Salomon, qui ne possédait aucun port de mer, avait envoyé des flottes en Amérique? etc., etc. »

Ainsi parle Voltaire. N'en déplaise au philosophe de Ferney, qui me paraît ici plus malin que profond, le véritable système du monde avait été deviné avant Copernic. Hâtons-nous de dire que, contrairement aux critiques que combat ici le caustique auteur du *Dictionnaire philosophique*, ce fait n'enlève absolument rien à la gloire de Copernic d'avoir établi le véritable système du monde sur sa base mathématique, la seule qui lui convienne, ni à Galilée de l'avoir démontré par ses découvertes astronomiques, ni à Képler de l'avoir animé en trouvant et définissant les lois qui le régissent, ni à Newton d'avoir rendu indestructible l'édifice de l'astronomie moderne par la démonstration de la gravitation universelle.

Voltaire n'avait pas lu le livre de Copernic lui-même, car le grand astronome a rapporté avec une rare sincérité les passages des écrivains anciens chez lesquels ils a puisé la première idée de la vraisemblance du mouvement de la Terre.

Il est intéressant pour nous de recueillir ici les fragments qui nous restent des opinions des anciens sur l'hypothèse du mouvement de la Terre. Commençons par citer ceux que Copernic désigne lui-même.

Dans son épître préliminaire adressée au pape, il dit d'abord : « Ac reperi quidem apud Ciceronem primum, Nicetam sensisse Terram moveri. » Comme le fait remarquer Muller, Cicéron ne dit pas que Nicétas soit le premier qui ait cru au mouvement de la Terre, mais Copernic nous apprend que c'est là le premier document qu'il a lu sur ce point : « J'ai d'abord trouvé dans Cicéron que Nicétas croyait au mouvement de la Terre. »

Voici ce passage : (*) « Nicétas de Syracuse, comme le dit Théophraste, pense que le Ciel, le Soleil, la Lune, les Étoiles et tous les astres sont immobiles, à l'exception de la Terre, et que celle-ci, par son mouvement rapide autour de son axe, produit les mêmes apparences qui auraient lieu si, la Terre étant en repos, le ciel lui-même était en mouvement. » Voilà certainement une déclaration bien explicite. L'éditeur de l'édition de Copernic de 1617, qui l'a ajoutée au texte, remarque que Diogène de Laërce dans sa *Vie de Philolaüs* a signalé la même opinion en tronquant le nom de Nicétas et en oubliant l'N initiale. Voici en effet le passage de Laërce : « Il y en a qui pensent que Philolaüs est le premier qui ait enseigné que la Terre se meut ; d'autres présentent Icetas (Ἰκέταν) de Syracuse comme l'auteur de cette opinion (**) ».

Copernic ajoute dans la même épître : « Postea et apud Plutarchum inveni quosdam alios in ea fuisse opinione, cujus verba, ut sint omnibus obvia, placuit hic ascribere. » — « Ensuite je trouvai dans Plutarque que d'autres avaient partagé la même opinion. » Le passage grec de Plutarque est immédiatement reproduit par Copernic, qui termine la phrase précédente en l'annonçant. Voici la reproduction de ce passage. C'est le chapitre XIII du Livre III de son

(*) Cicéron, *Questions académiques*, livre IV, § 39.
(**) Diogène de Laërce, *Vie de Philolaüs*.

traité sur les Opinions des philosophes, chapitre intitulé *Du mouvement de la Terre :*

« Les autres philosophes croient la Terre immobile, mais le pythagoricien Philolaüs dit qu'elle se meut autour de la région du feu, en décrivant un cercle oblique, comme le Soleil et la Lune. Héraclides de Pont et le pythagoricien Ecphantus font mouvoir la Terre, non qu'elle passe d'un lieu à un autre, mais elle est comme une roue fixe qui tourne sur son centre, et ce mouvement se fait d'occident en orient (*) ».

Telles sont les références de l'antiquité auxquelles Copernic renvoie dans son épître préliminaire. Dans son livre I, au chapitre v, il rappelle les mêmes philosophes : Héraclides, Ecphantus, Nicétas et Philolaüs, et n'en cite aucun autre (**). Ces références se rapportent surtout au mouvement *diurne.*

Copernic arrive aux opinions relatives au mouvement *annuel* dans son chapitre x, sur l'ordre des orbes célestes. Il signale seulement Martianus Capella, qui faisait tourner Mercure et Vénus autour du Soleil, admet cette opinion, constate qu'elle est incomplète, et ajoute aux deux premières planètes les trois autres d'abord, Mars, Jupiter et Saturne. Il démontre ensuite qu'au lieu de faire tourner le Soleil avec tout ce cortège autour de la Terre, il est plus simple de supposer celle-ci entre Vénus et Mars et de lui donner le mouvement de translation annuel.

Il ne semble pas que l'illustre astronome ait

(*) Plutarque, *Œuvres morales*, édition Didier, tome IV, p. 322.

(**) Copernic, éd. de 1617, p. 8.

trouvé le mouvement annuel décrit avec autant de précision que le mouvement diurne, car le passage cité plus haut de Plutarque sur Philolaüs n'est pas bien clair. Les fragments qui précèdent forment tout le contingent cité par Copernic (*).

On peut trouver d'autres documents en fouillant un peu l'antiquité. Le chanoine de Thorn n'a-t-il connu que ceux qu'il a signalés? C'est une question impossible à résoudre. Dans tous les cas, l'histoire des conjectures sur le véritable système du monde est assez intéressante pour que nous produisions ici tout ce que des

(*) Les passages épars qui dans l'ouvrage de Copernic ont trait aux systèmes du monde antérieurs à Hipparque sont, en dehors de la dédicace : L. I, c. v et x; L. V, c. I et III (p. 3 b, 7 b, 8 b, 133 b, 141, 179 et 181, b, édit. princeps). Partout Copernic montre de la prédilection en faveur des Pythagoriciens et une connaissance précise de leurs doctrines, ou, tout au moins, des idées qui leur étaient attribuées. Il connait, par exemple, ainsi que le prouve le début de la dédicace, la lettre de Lysis à Hipparque, qui témoigne du goût que l'ancienne école italique avait pour le mystère, et du soin qu'elle mettait à cacher ses opinions à tous ceux qui n'étaient pas ses amis, comme ce fut aussi dans le principe le projet de Copernic. L'âge de Lysis est assez incertain; tantôt il est cité comme un disciple immédiat de Pythagore, tantôt et cela est plus vraisemblable, comme un maître d'Epaminondas. Voy. Bœckh, Philolaüs, p. 8-15. La lettre de Lysis à Hipparque, ancien pythagoricien, qui avait divulgué les secrets de l'association, a été, comme beaucoup d'écrits du même genre, faite après coup par un faussaire. Copernic en a sans doute pris connaissance dans la collection d'Alde Manuce, *Epistolæ diversorum philosophorum*, *Romæ*, 1494, ou dans une traduction latine du cardinal Bessarion (Venise, 1516). Le décret célèbre de la « *Congregazione dell' Indice* » du 15 mars 1616, qui lance l'interdit contre le livre de Copernic, *de Revolutionibus*, désigne le nouveau système par les termes suivants : *Falsa illa doctrina Pythagorica divinæ Scripturæ omnimo adversans.* » Le passage

recherches patientes peuvent nous fournir sur ce point.

Feuilletons d'abord le livre de Ptolémée lui-même, que sans contredit Copernic connaissait, et qui réfute par toutes les raisons imaginables l'hypothèse du double mouvement de la Terre.

Voici l'argument qui lui paraît le plus propre à combattre l'idée d'un mouvement de translation. « Il n'y a, dit-il, ni dessus ni dessous dans le monde, comme il convient à une sphère. Quant aux corps qu'il renferme, ceux qui sont subtils et légers sont poussés par leur nature au dehors et vont gagner la circonférence : ils nous paraissent se porter en *haut*, parce que c'est ainsi que nous appelons l'espace qui est au-dessus de notre tête, jusqu'à la surface qui paraît nous envelopper. Les corps lourds et composés d'éléments pesants se dirigent, au contraire, vers le milieu, comme vers un centre : ils nous paraissent tomber *en bas*, parce que tout ce qui est au-dessous de nos pieds dans la direction du centre de la Terre nous l'appelons *le bas ;* ces corps se tasseront sans doute autour de ce centre par l'effet opposé de leur choc et de leur frottement. On comprend donc que toute la masse de la Terre, si

important sur Aristarque de Samos fait partie de l'*Arenarius* (p. 449 de l'édition d'Archimède, publiée à Paris en 1615, par David Rivaltus). L'édition princeps du même auteur a paru à Bâle en 1544. Il est dit très expressément dans l'*Arenarius* que « Aristarque a contredit les philosophes qui se représentent la Terre comme immobile au milieu du monde ; c'est le Soleil qui marque le point central ; il est immobile comme les autres étoiles, tandis que la Terre tourne autour de lui. » Aristarque est nommé deux fois dans l'ouvrage de Copernic (p. 69 b et 79), sans rien qui ait trait à son système.

grande comparativement aux corps qui tombent sur elle, puisse les recevoir, sans que ni leur poids ni leur vitesse ne lui communiquent la moindre oscillation. Or, si la Terre avait un mouvement commun avec tous les autres corps pesants, évidemment elle ne tarderait pas à les dépasser par l'effet de sa masse, laisserait les animaux ainsi que les corps graves sans autre appui que l'air, et finirait bientôt par tomber hors du ciel même. Telles sont les conséquences auxquelles on arriverait : elles sont *du dernier ridicule*, même à imaginer (*). »

Après avoir démoli, d'un air assez dédaigneux, l'hypothèse du mouvement annuel ou de translation, Ptolémée s'attaque au mouvement diurne ou de rotation. Il croit le réfuter victorieusement en ces termes : « Il y a des gens qui, tout en se rendant à ces raisons, parce qu'ils n'ont aucun argument à faire valoir contre, prétendent que rien n'empêche de supposer ensuite que, le ciel demeurant immobile, la Terre tourne autour de son axe d'occident en orient, et qu'elle accomplit cette rotation chaque jour... Il est vrai que, quant aux astres, rien n'empêche, en ne tenant compte que des apparences, de supposer, *pour plus de simplicité*, qu'il en soit ainsi. Mais ces gens-là ne sentent pas combien, sous le rapport de ce qui se passe autour de nous et dans l'air, leur opinion est souverainement ridicule ; car si nous accordions, ce qui n'est pas, que les corps les plus légers ne se meuvent point, ou ne se meuvent pas autrement que les corps de nature

(*) Ptolémée, *Almageste*, liv. I, ch. V. — Voy. Hœfer, art. *Kopernik* de la Nouvelle Biographie générale de Didot.

contraire, tandis qu'évidemment les corps aériens se meuvent avec plus de vitesse que les corps terrestres; si nous leur accordions que les objets les plus denses et les plus lourds ont un mouvement propre, rapide et constant, tandis qu'en réalité ils n'obéissent qu'avec peine aux impulsions communiquées, ces gens seraient obligés d'avouer que la Terre, par sa rotation, aurait un mouvement plus rapide qu'aucun de ceux qui ont lieu autour d'elle, puisqu'elle ferait un si grand circuit en si peu de temps. Les corps qui ne seraient pas appuyés sur elle paraîtraient donc toujours avoir un mouvement contraire au sien, et aucun nuage, ni rien de ce qui vole ou est lancé, ne paraîtrait se diriger vers l'Orient, car la Terre le précéderait toujours dans cette direction (*).

C'est là, au surplus, la grande objection que l'on adressa jusqu'au temps de Galilée à l'admission du mouvement de la Terre. On ne savait pas que le globe terrestre, semblable à un aimant puissant, retient autour de soi tout ce qui est dans son voisinage, et que c'est précisément la loi d'attraction en raison des masses qui régit le monde. L'eau, l'air, les nuages, tout ce qui appartient à la planète lui est lié par cette loi suprême.

Comme le remarque à ce propos le docteur Hœfer (**), le double mouvement de la Terre est donc, dans la véritable acception du mot, une idée renouvelée des Grecs. L'Almageste fut longtemps l'Évangile des astronomes. Pour ceux-là

(*) Ptolémée, *Almageste*, liv. I, ch. V.
(**) *Nouvelle Biographie générale* de Didot, art. Kopernik.

l'hypothèse du double mouvement de la Terre n'était donc pas même une hardie innovation. A juger sur les paroles si dédaigneuses de Ptolémée, cette hypothèse n'était aux yeux des princes de la science qu'une grosse absurdité : pour y croire il fallait être fou ou ignorant. Comprend-on maintenant le courage qu'il fallait pour l'exhumer et l'exposer au grand jour? Copernic ne s'y était pas trompé, car après avoir rappelé les témoignages des anciens, favorables à son système, il continue :

« Et moi aussi, prenant occasion de ces témoignages, j'ai commencé à méditer sur le mouvement de la Terre. Et quoique cette opinion parût absurde, j'ai pensé, puisque d'autres avant moi ont osé imaginer un tas de cercles pour démontrer les phénomènes des astres, que je pourrais me permettre aussi d'essayer si, en supposant la Terre mobile, on ne parviendrait pas à trouver sur la révolution des corps célestes, des démonstrations plus solides que celles qui ont été mises en avant. Après de longues recherches je me suis enfin convaincu que si l'on rapporte à la circulation de la Terre les mouvements des autres planètes, le calcul s'accorde bien mieux avec l'observation... Je ne doute pas que les mathématiciens ne soient de mon avis, s'ils veulent se donner la peine de prendre connaissance, non pas superficiellement, mais d'une manière approfondie, des démonstrations que je donnerai dans cet ouvrage. »

Ptolémée avait donc exposé, pour la combattre, l'hypothèse du double mouvement de la Terre. Aristote, qui resta jusqu'au XVIe siècle le maître absolu des doctrines physiques et métaphysiques, nous offre de son côté, dans son *Traité du ciel*, des raisonnements fort intéressants à reproduire dans cette étude historique. Voici en quels termes il ouvre son chapitre XIII sur « l'immobilité ou le mouvement de la Terre » :

« Il nous reste à parler de la Terre, et nous avons à rechercher dans quel lieu elle est placée, si elle fait partie des corps en repos ou des corps en mouvement, et enfin quelle est sa forme. Quant à sa position, tout le monde n'a pas à cet égard la même opinion. En général on admet qu'elle est au centre, et c'est le système des philosophes qui croient que le ciel est limité et fini dans sa totalité. Mais les partisans de l'école italique, que l'on nomme pythagoriciens, sont d'un avis contraire. Pour eux, ils prétendent que le feu est au centre du monde, que la Terre est un de ces astres qui font leur révolution autour de ce centre, et que c'est ainsi qu'elle produit le jour et la nuit (*). »

C'est là un système particulier, que je n'ai encore vu relevé par aucune histoire de l'astronomie ni par aucun traité. D'après ce que dit Aristote, les pythagoriciens dont il s'agit n'auraient pas donné à la Terre son mouvement de *rotation diurne* sur son axe, ni son mouvement de *révolution annuelle* autour du Soleil ; mais un mouvement de *révolution diurne* autour du foyer de lumière et de chaleur, marqué probablement par le Soleil, puisqu'il s'agit de la production du jour et de la nuit. Dans ce système, la Terre se serait transportée chaque jour suivant un cercle décrit autour du Soleil, en conservant son axe

(*) Aristote, *Traité du ciel*, liv. II, ch. XIII, § 1er.

parallèle à lui-même, et présentant tour à tour ses divers méridiens à l'action solaire.

Les mêmes penseurs ont imaginé une autre Terre opposée à la nôtre, ajoute le philosophe de Stagire, et ils l'appellent Anti-terre (Antichthôn). « Le mouvement circulaire de la Terre autour du centre est accompli aussi par l'Anti-terre. Quelques philosophes soutiennent qu'il peut y avoir plusieurs corps du même genre qui se meuvent autour du centre, mais que nous ne les voyons pas à cause de l'interposition de la Terre. Voilà pourquoi, ajoutent-ils, les éclipses de lune sont bien plus fréquentes que celles de soleil, attendu que tous les corps qui sont en mouvement peuvent l'éclipser, et que ce n'est pas la Terre toute seule qui l'éclipse (*). »

Quelle était cette Contre-terre qui faisait en quelque sorte équilibre à la Terre? Quels étaient ces autres corps célestes supposés circuler comme la Terre autour du feu? C'est ce qu'il est impossible d'imaginer. Quoi qu'il en soit, bien des hypothèses avaient déjà été faites du temps d'Aristote pour expliquer le grand problème de l'univers, et nous ne comprenons même plus aujourd'hui les termes dont on se servait. Le feu signifie-t-il le Soleil? cela n'est pas certain, et dans ce même paragraphe Aristote dit « que dans ce système la Terre n'est pas au centre et qu'il y a entre le centre et elle la distance de tout un hémisphère. » Qu'est-ce que cela signifie?

Il y a tant d'obscurité dans les écrits d'Aristote qu'il semble qu'il n'ait pas toujours compris les sujets sur lesquels il a rapporté les opinions des

(*) Aristote, *id.*, § 4.

savants anciens. Cependant il est difficile de supposer qu'il n'ait pas connu *ex professo* les questions qu'il a traitées. J'imagine que nous n'avons pas le texte exact du maître, mais un texte fort altéré par les copistes.

Dans l'admirable et patiente traduction de M. Barthélemy Saint-Hilaire, dont l'ombre d'Aristote doit être fière, la méthode française n'est pas encore parvenue à tout éclaircir.

« Il y a d'autres philosophes, ajoute Aristote, qui, tout en admettant que la Terre est placée au centre, la font tourner sur elle-même autour du pôle, qui traverse régulièrement l'univers, ainsi qu'on peut le lire dans le Timée. »

Aristote veut dire « autour de son axe ». Dans ce cas il s'agirait ici du mouvement de rotation diurne.

L'hypothèse du mouvement diurne est combattue par les arguments tirés de la chute des corps, qui devraient, dans ce cas, tomber toujours vers le centre de l'univers sans s'inquiéter du déplacement de la Terre. Le centre de l'univers est nécessairement le même que celui de la Terre. « Aucune partie de la Terre ne peut être emportée loin du centre, à plus forte raison la Terre entière ne peut-elle pas s'en éloigner (*). »

En résumé, les explications d'Aristote se résument en ces raisonnements fort logiques : la Terre est au centre du monde, parce que c'est là son *lieu naturel* ; elle est immobile, parce qu'elle n'est attirée par aucun point de l'univers ; le ciel des étoiles n'a besoin que d'un mouvement diurne régulier pour atteindre son but, et c'est

(*) Aristote, *loc. cit.* ch. XIV, § 6.

pourquoi il tourne régulièrement; les planètes ont des stations et des rétrogradations, parce qu'un mouvement régulier ne leur suffirait pas pour accomplir leur révolution (*). Ainsi, tout est pour le mieux.

Tout en se décidant pour l'opinion de l'immobilité de la Terre, Aristote et Ptolémée avaient donc songé à l'opinion contraire et l'avaient discutée. Voici maintenant un fragment d'Archimède, qui est au commencement de son livre intitulé *Arénaire*, et qui parle en termes bien précis du mouvement de translation :

« Le monde, dit-il, est appelé par la plupart des astronomes une sphère dont le centre est le même que celui de la Terre et dont le rayon est égal à la distance de la Terre au Soleil. Aristarque de Samos rapporte cette opinion en la réfutant : d'après lui, le monde serait beaucoup plus grand; il suppose le Soleil immobile, ainsi que les étoiles, et pense que la Terre tourne autour du Soleil comme centre et que la grandeur de la sphère des étoiles fixes, dont le centre est celui du Soleil, est telle que la circonférence du cercle décrit par la Terre est à la distance des étoiles fixes, comme le centre d'un cercle est à sa surface (**). »

Sénèque s'exprime comme il suit, d'autre part, sur le mouvement de rotation de la Terre :

« Il importe d'examiner si la Terre est immobile au centre du monde, ou si le ciel étant immobile, la Terre tourne sur elle-même. Des auteurs ont dit que la Terre nous entraîne sans

(*) *Id.* ch. XII, § 7.
(**) Archimède, *de Arenario*, cap. I.

que nous nous en apercevions, et que c'est notre mouvement qui produit les levers et les couchers apparents des astres. C'est un objet bien digne de nos contemplations que de savoir si nous avons une demeure paresseuse, ou si au contraire elle est douée d'une excessive vitesse, si Dieu fait tout tourner autour de nous ou s'il nous fait tourner nous-mêmes (*). »

Platon ne paraît pas avoir admis le mouvement de la Terre, si ce n'est peut-être à la fin de sa vie, selon une tradition respectable. Il n'a pas écrit que la Terre tourne, mais qu'elle est soutenue. Voici ses propres paroles, tirées de son *Timée* et interprétées par Cicéron : « La Terre est notre nourrice, et, soutenue par l'axe qui la traverse, elle produit la nuit et le jour, et *elle est la première et la plus ancienne gardienne des corps célestes.* »

La traduction de Platon par M. Émile Saisset donne ce passage dans les termes suivants : « Quant à la Terre, notre nourrice, et qui s'enroule autour de l'axe qui traverse tout l'univers, Dieu en fit la gardienne et l'ouvrière du jour et de la nuit, comme aussi la première et la plus ancienne des divinités nées dans l'intérieur du Ciel. »

Et le traducteur ajoute : « Ne pas croire, avec Aristote et quelques autres, que Platon attribue à la Terre un mouvement de rotation au centre du monde. Cela serait absolument contraire à tout le système astronomique de Platon ». M. Th. Henri Martin explique à merveille ce passage contro-

(*) Sénèque, *Questions naturelles*, liv. VII, ch. II.

versé dans les lignes suivantes de la note XXXVII de ses Études sur le *Timée* de Platon.

« Ce membre de phrase signifie que la Terre se serre fortement autour de l'axe qui traverse l'univers, et est ainsi la productrice du jour et de la nuit par sa résistance au mouvement en même temps qu'elle en est la gardienne par son immobilité. C'est évidemment en ce sens que le faux Timée de Locres l'appelle la limite, ὅρος, des jours et des nuits. Plutarque, interprétant Platon, la compare à l'aiguille du cadran solaire ; c'est son repos, dit-il, qui donne aux astres un lever et un coucher. Le participe présent εἰλλομένην exprime parfaitement l'effort continuel d'où cette immobilité résulte. »

Dans son curieux traité sur « La face qui paraît sur la Lune », Plutarque nous offre le passage suivant, qui est parfaitement explicite : « Cléanthe le Samien voulait que les Grecs accusassent Aristarque d'impiété pour avoir, disait-il, troublé le repos de Vesta et des Dieux lares, protecteurs de l'univers, lorsqu'en raisonnant d'après les apparences il supposait que le ciel était immobile, que la Terre faisait une révolution oblique le long du Zodiaque, et qu'outre cela elle tournait sur son axe (*). »

Cette remarque nous montre en même temps que, plus de dix-huit siècles avant Galilée, l'opinion du mouvement de la Terre avait déjà été dénoncée comme irréligieuse, les hommes ayant eu autant de vanité au troisième siècle avant notre ère qu'au dix-septième siècle de notre histoire

(*) Plutarque, *Œuvres morales*, édition Didier, tome IV, p. 424.

chrétienne, ayant cru bonnement que Dieu avait tout créé pour, et eux ayant associé la théologie à la physique en s'imaginant pénétrer et interpréter les desseins du Créateur. La physique d'alors était fausse. En la renversant pour mettre à sa place la réalité si lentement conquise, on ébranlait la métaphysique édifiée sur cette fausse charpente, et les tentatives scientifiques, quoique éminemment morales et civilisatrices, étaient redoutées par les représentants des religions officielles.

Dans un ouvrage d'érudition publié au siècle dernier (*), dans le but de rendre aux anciens une partie des découvertes modernes, l'auteur a résumé les documents relatifs au système de Copernic en un chapitre dont quelques paragraphes ne seront pas déplacés ici.

Pythagore a naturellement la première place. « Pythagore, dit-il, croyait que la Terre était mobile et n'occupait point le centre du monde, mais qu'elle avait un mouvement circulaire autour de la région du feu, par laquelle il entendait le Soleil, et formait ainsi les jours et les nuits. On dit que Pythagore avait appris cette doctrine chez les Égyptiens, qui représentaient le Soleil sous l'emblème d'un scarabée, parce que cet insecte passe six mois sous la terre et les six autres mois au-dessus, ou bien parce qu'il forme une boule avec ses excréments et, se couchant ensuite sur le dos, fait tourner cette boule avec ses pattes. »

L'auteur de ce livre renvoie ici à un passage

(*) *Recherches sur l'origine des découvertes attribuées aux modernes*, par Dutens, 1766.

de la *Vie de Numa* de Plutarque où il est dit: « Les Pythagoriciens ne croient pas la Terre immobile ni située au milieu du monde, mais être suspendue et en mouvement circulaire autour du feu (τὸ πῦρ) ».

On lit encore dans le même livre: « Quelques-uns, entre autres Diogène de Laërce, attribuent cette opinion à Philolaüs, disciple de Pythagore, mais il paraît qu'il n'a eu que le mérite de l'avoir divulguée le premier, ainsi que plusieurs autres opinions de son école, car Eusèbe affirme expressément que Philolaüs avait le premier exposé par écrit le système de Pythagore. — Plutarque semble insinuer que Timée de Locres, aussi disciple de Pythagore, avait eu la même opinion; et que lorsqu'il disait que les planètes étaient animées, et qu'il les appelait les différentes mesures du temps, il voulait dire seulement que le Soleil, la Lune et les autres planètes servaient à mesurer le temps par leurs révolutions, et que la Terre ne devait pas être imaginée toujours stable dans le même lieu, mais mobile et dans un mouvement circulaire, comme Aristarque de Samos et Séleucus l'ont enseigné depuis. — Théophraste, cité par Plutarque, a écrit dans une histoire de l'astronomie qui n'est pas parvenue jusqu'à nous, que Platon, qui avait toujours enseigné que le Soleil tournait autour de la Terre, revint de cette erreur dans un âge plus avancé, et se repentit de n'avoir pas placé le Soleil dans le centre du monde, comme le lieu qui convenait le plus à cet astre, et d'y avoir placé la Terre contre l'ordre le plus naturel (*);

(*) Plutarque, *Vie de Numa.*

il n'est pas étonnant que Platon soit revenu à cette opinion, en ayant été imbu de bonne heure dans les écoles de deux célèbres pythagoriciens, Archytas de Tarente et Timée de Locres, si l'on en croit ce qui est rapporté dans l'apologie des chrétiens par saint Jérôme contre Rufin. »

On voit que depuis longtemps on s'est occupé à rechercher dans les diverses couches de l'antiquité les racines de l'opinion du mouvement de la Terre. Nous venons de reproduire successivement et en commençant par les indications dues à Copernic lui-même, les idées avancées sur ce problème par Nicétas de Syracuse, Philolaüs, Héraclides de Pont, Ecphantus, Martianus Capella, Ptolémée, Aristote, Archimède, Sénèque, Aristarque de Samos, Séleucus, Archytas de Tarente, Timée de Locres et la plupart des pythagoriciens. L'opinion du mouvement de la Terre est encore citée par Stobée (*), Diogène de Laërce (**), Eusèbe (***), comme remontant aussi à Philolaüs. Comme Plutarque, Clément d'Alexandrie (****) l'attribue aux pythagoriciens en général. Théon de Smyrne expose que d'après l'histoire de l'astrologie d'Eudème, Anaximandre passait pour avoir établi que « la Terre est suspendue dans l'espace et se meut autour du centre du monde ». Sextus Empiricus met cette opinion sur le compte d'Aristarque. Humboldt proclame (*****) qu'Aristarque de Samos et surtout

(*) *Ecl. phys.*, liv. I.
(**) Liv. I, sect. 8.
(***) *Préparation évangélique*, p. 519
(****) *Stromates*, liv. V, p. 556.
(*****) *Cosmos*, II, p. 126.

Séleucus de Babylone furent les premiers qui, un siècle et demi après Alexandre, *combinèrent* le mouvement de la Terre sur elle-même avec l'orbite tracée autour du Soleil comme centre de tout le système planétaire.

Le plus curieux, c'est que les anciens avaient même pensé au mouvement de rotation des planètes, qui n'a été découvert qu'au XVIIIe siècle à l'aide des lunettes astronomiques et des observations les plus minutieuses. Eusèbe rapporte que suivant Atticus le platonicien, Platon ajoutait « à ce mouvement commun qui porte tous les astres, tant fixes qu'errants, à faire leur révolution le long de leur orbite, un autre mouvement accommodé à leur figure sphérique, qui les faisait mouvoir chacun sur leur centre particulier, pendant qu'ils accomplissaient leur révolution générale sur leur orbite (*) ».

Plotin confirme aussi ce sentiment lorsqu'il dit : « Outre la grande révolution générale des astres, Platon pensait qu'ils en accomplissaient une autre particulière autour de leur propre centre (**). »

Qu'elles viennent de Platon ou des platoniciens, ces réflexions n'en sont pas moins antérieures à Copernic.

Nous avons vu que l'illustre astronome cite Martianus Capella à propos du système qui faisait circuler Vénus et Mercure autour du Soleil. Capella était un encyclopédiste de la fin du cinquième siècle de notre ère. L'ouvrage qu'il nous a laissé, mélange bizarre de vers et de poésie, est

(*) Eusèbe, *Préparation évangélique*, liv. XV, ch. VIII.
(**) Plotin, *Ennéades*, liv. II, ch. II.

divisé en neuf livres, dont les deux premiers ont pour titre *de Nuptis Philologiæ et Mercuris*, « des noces de la Philologie avec Mercure ». Ce titre est resté comme désignant l'ouvrage entier. Le huitième livre est consacré à l'astronomie, et c'est dans un chapitre de ce livre que se trouve le passage signalé par Copernic, chapitre intitulé : *Quod Tellus non sit centrum omnibus planetis*, « que la Terre n'est pas le centre pour toutes les planètes ». Voici la traduction de ce passage : « Quoique Vénus et Mercure se lèvent et se couchent chaque jour, cependant leurs orbites n'environnent pas la Terre; mais ils tournent autour du soleil dans un circuit plus ample (*circa solem laxiore ambitû circulantur*). Ils constituent dans le soleil le centre de leurs cercles, de telle sorte qu'ils sont tantôt plus proches, tantôt plus éloignés » (*).

« Il n'y a de vraiment remarquable dans ce passage, dit Delambre avec son jugement toujours sévère, que ce qui concerne Mercure et Vénus, dont les orbites ont le Soleil pour centre commun et se trouvent dans la position que nous leur assignons aujourd'hui. On dit que c'est ce peu de lignes qui a été pris par Copernic pour le sujet de ses méditations, et qui l'a conduit à son système du monde : en ce cas, Martianus aurait rendu à l'astronomie plus de service que des astronomes bien plus habiles, et nous devons lui pardonner son verbiage, ses bévues et son galimatias (**). »

Ce système avait déjà été émis par Vitruve,

(*) Martianus Capella, lib. VIII.

(**) Delambre, *Hist. de l'Astronomie ancienne*, t. I, p. 312.

qui certainement ne l'avait pas inventé. Voici ce qu'écrivait cet architecte au siècle d'Auguste : « Cœlum volvitur continenter circum terram... Mercurii autem et Veneris stella circum solis radios, solem ipsum uti centrum itineribus coronantes, regressus retrorsum et retardationes faciunt ». Autrement dit : « Le Ciel tourne perpétuellement autour de la Terre, mais les astres de Mercure et Vénus, dans les rayons du Soleil, embrassent dans leurs orbites le Soleil lui-même comme centre... (*). »

Pendant la durée du moyen âge, du VIe au XVe siècle, cette théorie du mouvement de la Terre est restée latente, dominée par la théorie de l'immobilité, devenue classique et officielle. Toutefois nous la voyons apparaître par intervalles, ordinairement pour être critiquée, parfois pour être défendue. Au commencement du IVe siècle, Lactance traite littéralement et crûment « d'imbéciles » ceux qui supposent que la Terre peut tourner, qu'elle est ronde, qu'il y a des antipodes, et qu'on marche tout autour d'elle sans tomber (**). Bède le Vénérable renchérit sur ces diatribes au VIIe siècle (***). Les Pères de l'Église s'accordent tous pour établir la théologie physique chrétienne sur le système de Ptolémée et défendre d'y toucher. Cependant, nous venons de le dire, la lueur de la vérité n'était pas éteinte et reparaissait de temps en temps. Dans l'un des livres fondamentaux de la Kabbale hébraïque, le Zohar, écrit sans doute vers le IIIe siècle de notre ère, et incontes-

(*) Vitruvius, *De Architectura*, lib. IX, cap. IV.
(**) *De falsa ignorantiâ.*
(***) *De ratione temporum.*

tablement avant la fin du XIIIe, on remarque entre autres le passage suivant : « La Terre tourne sur elle-même en forme de cercle. Les uns sont en haut, les autres en bas. Toutes les créatures changent d'aspect suivant l'air de chaque lieu en gardant partout la même position. Telle contrée de la Terre est éclairée tandis que les autres sont dans les ténèbres (*). » On croirait, dit M. Franck, de l'Institut, ce passage écrit par quelque disciple de Copernic, si l'on n'était obligé, même en lui refusant toute authenticité, de le faire remonter au moins au XIIIe siècle.

Enfin, cent ans avant la publication du travail de Copernic, en 1444, le cardinal Nicolas de Cusa, dans sa grande encyclopédie théologique et scientifique, avait également remis en honneur l'idée du mouvement de la Terre, celle de la non-incorruptibilité des cieux, et du mouvement du Soleil et des étoiles dans l'infini. « Il nous est manifeste que la Terre se meut, dit-il, quoique ce phénomène ne soit pas immédiat pour nos sens, parce que nous ne pouvons juger du mouvement que par la comparaison avec ce qui est fixe ; de même que celui qui vogue au milieu d'une barque qui coule avec calme le long d'un fleuve ne peut reconnaître son mouvement que par celui de la rive. C'est ainsi que le mouvement du Soleil et des étoiles est le seul qui nous donne témoignage du nôtre... Il peut y avoir plusieurs mondes habités. La Terre est plus petite que le Soleil et plus grande que la Lune, comme le prouvent les obser-

(*) V. Franck, *la Kabbale*, p. 102.

vations des éclipses. Elle est plus grande que Mercure (*)... »

C'est ainsi que depuis l'antiquité jusqu'au siècle de Copernic le système de l'immobilité de la Terre avait été mis en doute par de clairvoyants esprits, et celui du mouvement de la Terre proposé sous différentes formes. Toutes ces tentatives devaient laisser à Copernic la gloire de l'établir définitivement.

(*) *De doctâ ignorantiâ.* — Voy. notre ouvrage *Les Mondes imaginaires et les Mondes réels*, p. 275.

CHAPITRE VIII

CE QUI APPARTIENT A COPERNIC, DANS L'ÉTABLISSEMENT DU VÉRITABLE SYSTÈME DU MONDE

Travaux personnels de l'astronome polonais. — Observations et recherches. — Preuves du mouvement de la Terre. — Reconstitution de l'astronomie. — Légitime reconnaissance de la postérité.

Non content d'admettre simplement l'idée du mouvement de la Terre comme une simple hypothèse arbitraire, ce que plusieurs astronomes avaient fait avant lui, il voulut, et c'est là sa gloire, se la démontrer à lui-même, en acquit la conviction par l'étude, et écrivit son livre pour la prouver. Le véritable prophète d'une croyance, l'apôtre d'une doctrine, l'auteur d'une théorie, est l'homme qui par ses travaux démontre cette théorie, fait partager cette croyance, répand cette doctrine. On n'en est pas le créateur. Rien n'est nouveau sous le soleil, dit un ancien proverbe. On peut plutôt dire : Rien de ce qui réussit n'est entièrement nouveau. Le nouveau-né est informe, incapable. Les plus grandes choses naissent à l'état de germe, pour ainsi dire, et croissent inaperçues. Plus tard on les remarque, mais elles n'existent pas encore en réalité. Les idées se fécondent les unes par les autres; les sciences s'entr'aident; le progrès marche. Bien des hommes sentent une vérité, sympathisent avec une opinion, touchent une découverte sans le savoir. Le jour arrive où un esprit synthétique sent en quelque sorte s'incarner dans son cerveau une idée presque mûre; il se passionne pour elle, il la caresse, il la contemple; elle grandit à mesure qu'il la regarde; il voit se grouper autour d'elle une multitude d'éléments qui viennent la soutenir. En lui, cette idée devient une doctrine. Alors, comme les apôtres de la Bonne Nouvelle, il devient évangéliste, annonce la vérité, la démontre par ses œuvres, et tous reconnaissent en lui l'auteur du nouveau système, quoique tous sachent parfaitement qu'il n'a pas inventé l'idée, et que bien d'autres avant lui ont pu en pressentir la grandeur.

Non seulement celui qui par ses travaux a fait *sienne* une doctrine scientifique, philosophique ou religieuse, ne peut songer un seul instant à sa personne, à sa gloire, en déclarant sa paternité et en énonçant ses travaux spéciaux (la précaution serait absolument inutile); mais encore il est naturel qu'il cherche au contraire à mettre en évidence tous ceux qui ont été ses précurseurs, à déterrer jusqu'aux arguments ensevelis depuis des siècles sous l'indifférence publique. Par de tels procédés, l'auteur s'honore lui-même et consolide son œuvre.

Telle est la situation de Copernic dans l'histoire de l'astronomie. On avait émis l'hypothèse du mouvement de la Terre longtemps avant qu'il ne songeât à naître sur cette planète. Cette théorie comptait des partisans à son époque. Mais lui, il en a fait son œuvre. Il l'a examinée avec la patience d'un astronome, la rigueur d'un mathématicien, la sincérité d'un sage, l'esprit d'un philosophe. Il l'a démontrée par son livre. Puis il mourut sans la voir généralement partager, et ce n'est presque que cent ans après sa mort que l'astronomie l'adopta et la métamorphosa sous son influence. Cependant Copernic est vraiment l'auteur du véritable système du monde, et son nom restera respecté jusqu'à la fin des siècles.

C'est dans les premières années de son retour en Pologne qu'il paraît avoir arrêté ses idées sur le système du monde et composé son célèbre ouvrage sur les révolutions des corps célestes ; il le garda inédit pendant près de trente ans. Quoiqu'il le perfectionnât sans cesse et qu'il eut une peine extrême à se satisfaire lui-même, on s'expliquerait difficilement un si long retard, si l'on ne savait quelles appréhensions pouvaient le retenir, et combien de difficultés la publication de ses idées lui eut sans doute attirées.

L'Almageste de Ptolémée était la règle universelle des opinions docilement reçues et transmises, comme évidentes et indubitables, d'une génération à l'autre. Copernic, refusant de déférer à cette autorité, ose le premier s'affranchir du joug ; la complication des mouvements admis par les écoles ne satisfait pas son esprit, cette architecture bizarre le scandalise ; elle ne pouvait convenir selon lui à un édifice aussi majestueux et remplir la haute idée de perfection qui s'y rattache.

Pénétré de cette pensée, et sans se soucier des opinions reçues, il chercha la vérité avec autant d'ardeur que d'indépendance et de raison. Voulant d'abord, suivant l'usage, trouver un point d'appui chez les anciens, il commença par relire soigneusement les écrits des philosophes pour se familiariser avec leurs doctrines et savoir ce qu'ils ont pensé sur ce grand et éternel sujet de méditation, ne craignant pas de traverser bien des nuages pour découvrir quelques rayons.

Dans ce siècle de fausse science et d'érudition sans lumières, les intelligences enchaînées par de vaines subtilités n'apprenaient pas à raisonner, mais à croire ; les plus doctes passaient pour les plus habiles, et les anciens n'avaient plus que des commentateurs. Copernic se fit leur disciple ; cherchant des idées et non des autorités, il osa les aborder avec un esprit d'examen que les écoles ne connaissaient plus, pour adopter et perfectionner ce qu'il trouverait près d'eux de meilleur et de vrai. Avec de l'imagination et un jugement droit, il aurait pu certainement trouver, sans aucun secours, l'idée hardie qui a fait sa gloire, mais quand il déclare formellement le contraire, pourquoi, dirons-nous avec un juge compétent, pourquoi récuserait-on son témoignage (*) ?

Autant que nous pouvons remonter dans la pensée de l'immortel astronome, c'est sans doute par la série de considérations suivantes que la certitude du mouvement de la Terre dut s'imposer à son esprit méditatif :

Nous voyons tous les astres tourner autour de la Terre en 24 heures. Il n'y a que deux suppo-

(*) Bertrand, *Les fondateurs de l'Astronomie*, p. 14.

sitions à faire pour expliquer le fait : ou bien ce sont eux qui tournent de l'Est à l'Ouest, ou bien c'est le globe terrestre qui tourne sur lui-même de l'Ouest à l'Est. Dans les deux cas, les apparences sont les mêmes pour nous. Lequel des deux systèmes est le plus probable ?

Examinons. Dans le premier cas, voici ce qu'il faudrait admettre. L'astre le plus proche de nous, la Lune, est à 96 000 lieues d'ici. Elle aurait donc à parcourir, en 24 heures, une circonférence de 192 000 lieues de diamètre, c'est-à-dire de 603 000 lieues de longueur. Il lui faudrait pour cela courir avec une vitesse de 25 125 lieues par heure, c'est-à-dire faire plus de 400 lieues par minute, 7 lieues par seconde... Mais ce n'est rien encore.

Le Soleil, à 37 millions de lieues d'ici, aurait à parcourir, dans le même intervalle de 24 heures, une circonférence de 232 millions de lieues autour de la Terre. Il lui faudrait pour cela voler avec une vitesse de 9 680 000 lieues à l'heure, c'est-à-dire 161 300 lieues par minute, 2 690 lieues par seconde !

Les planètes Mars, Jupiter, Saturne, plus éloignées que le Soleil, et qui participent également au mouvement diurne, seraient emportées dans l'espace avec une rapidité plus inconcevable encore. La dernière planète connue des anciens, Saturne, neuf fois et demie plus éloignée de nous que le Soleil, serait obligée, pour tourner en 24 heures autour de la Terre, de décrire une circonférence de 2 milliards de lieues de longueur et de brûler l'espace avec une rapidité de plus de 20 000 lieues par chaque seconde !!

Et les étoiles ? Au siècle dernier, l'auteur infortuné de l'*Histoire de l'Astronomie moderne*, Jean-Sylvain Bailly, écrivait à ce sujet : « Si la Terre est en repos, si le Ciel se meut autour d'elle en 24 heures, voilà donc une multitude d'étoiles obligées de se mouvoir ; il faut qu'elles conservent entre elles les mêmes espaces et les mêmes distances, et malgré ce mouvement répété tous les jours, rien n'est sensiblement changé dans leurs configurations depuis l'existence du monde. L'imagination est effrayée de la rapidité qu'il faut supposer à ce mouvement. La distance de Saturne contient 218 431 demi-diamètres de notre globe. Les étoiles doivent être au delà de l'orbe de Saturne, cela ne peut être contestable ; mais en supposant qu'elles ne soient pas sensiblement plus éloignées, leur sphère a au moins un rayon de 218 431 demi-diamètres terrestres. Si on calcule la circonférence qui convient à ce rayon, on trouvera que si les étoiles se meuvent autour de la Terre, c'est avec une vitesse de 23 mille lieues par seconde, vitesse énorme ! » Bailly était bien modeste et bien réservé en n'osant pas supposer aux étoiles une distance sensiblement plus grande que celle de Saturne. Depuis son époque, les limites de notre propre système planétaire ont été reculées, d'abord à Uranus, à 19 fois la distance d'ici au Soleil, et ensuite à Neptune, à 30 fois la même distance. On a pu mesurer l'éloignement où gisent les étoiles les plus rapprochées. On a trouvé que l'étoile la plus proche de nous est à 275 000 fois la distance de la Terre au Soleil, c'est-à-dire 10 trillions de lieues d'ici. Pour tourner autour de la Terre en 24 heures, cette étoile, *alpha du Centaure*, devrait donc parcourir, dans ce même intervalle de temps, une circonférence mesurant 63 trillions de lieues d'étendue ; sa vitesse devrait être, pour cela, de 2 666 milliards de lieues par heure, 44 400 millions par minute, ou en définitive 740 *millions de lieues par seconde!!!*

Et c'est l'étoile la plus voisine de nous.

Sirius, situé beaucoup plus loin, devrait accomplir son indescriptible circonférence autour de nous avec une rapidité incomparablement plus grande encore. Telle autre étoile, située à 170 trillions de lieues d'ici, devrait courir dans l'espace avec une vitesse constante de près de 14 milliards de lieues par seconde!! etc., etc. Et ce sont là les étoiles les plus proches. Et toutes les autres sont plus éloignées, situées à toutes les distances imaginables. Et il y en a jusqu'à l'infini.

Ainsi voilà les deux hypothèses : ou bien obliger tout cela à tourner autour de nous chaque jour, ou bien supposer notre globe animé d'un mouvement de rotation sur lui-même, et éviter à l'univers entier cet incompréhensible travail.

Poser ainsi la question, c'est la résoudre. C'est ainsi qu'elle a dû se résoudre d'elle-même dans l'esprit de Copernic.

Le raisonnement n'avait pas, il est vrai, autant de force qu'aujourd'hui. On ne connaissait pas alors les distances des étoiles (*). On les supposait situées sur une même sphère, aux mêmes distances, et peu au delà de Saturne. Tel était le sentiment de Copernic comme celui de tous les

(*) Képler supposait seulement que la rotation du ciel exigerait pour la sphère des étoiles une vitesse de 1 700 lieues par minute.

astronomes de son temps. On n'avait pas non plus une idée exacte des dimensions du système planétaire. Cependant on connaissait la distance de la Lune, et l'on savait déjà que le Soleil, les planètes et les étoiles sont bien plus éloignées. Il était aussi absurde qu'aujourd'hui de les forcer à tourner autour de nous, et tout esprit indépendant qui voulait approfondir la question sentait la supériorité de l'opinion du mouvement diurne de la Terre.

La plus grande objection qui arrêtait les esprits déjà préparés par la logique du raisonnement précédent était celle-ci : Si la Terre tourne en 24 heures sur elle-même, si nous sommes emportés par ce mouvement, comment ne le sentons-nous pas ? Comment tout paraît-il en repos autour de nous ? C'est à cette objection capitale que revenaient en définitive presque tous les arguments invoqués contre l'hypothèse du mouvement de la Terre. Si la Terre avait un mouvement sur son axe, dit Ptolémée (*), tous les corps qui ne font point masse avec elle, qui ne sont point attachés à sa surface, devraient avoir un mouvement contraire au sien et dans le même sens que celui des étoiles : les corps lancés de bas en haut, tandis que la Terre tourne et s'éloigne, ne devraient pas à l'instant de leur chute retrouver le point d'où ils sont partis. Un poète (**) ajoutait à ce propos la réflexion que « la tourterelle n'oserait quitter son nid et s'élever dans les airs dans la crainte de ne plus revoir ses petits. » L'atmos-

(*) *Almageste*, liv. I, ch. VII.
(**) Buchanan, *La Sphère*, liv. I.

phère, sous laquelle la surface terrestre courrait de l'Ouest à l'Est, emportée par le mouvement diurne, devrait produire un vent perpétuel de l'Est à l'Ouest, etc. — La réponse à cette objection est que tout ce qui appartient au globe terrestre lui est attaché par une attraction indestructible, comme à un aimant. Chaque planète retient autour de soi tout ce qui l'environne, par une force d'attraction immense, qui constitue la loi la plus importante de la nature, celle qui entretient l'existence du monde et qui en régit elle-même le cours. Mais du temps de Copernic, on ne pouvait encore que formuler cette réponse, et non la prouver. Les lois de la pesanteur et de l'attraction n'ont été déterminées qu'au siècle de Galilée, Képler et Newton. Ce n'est de même qu'au XVIe siècle que les observations astronomiques montrèrent dans le Soleil et les planètes un mouvement de rotation analogue à celui de la Terre, ajoutant de nouvelles preuves indirectes aux preuves directes que l'on avait déjà de ce mouvement. Le fait de la pesanteur de tous les corps vers le globe terrestre, de son attraction centrale, de l'existence des antipodes, de l'adhérence de l'atmosphère, était parfaitement connu et apprécié avant Copernic. On convenait de même unanimement, de l'identité des apparences dans les deux cas, du mouvement du Ciel ou du mouvement de la Terre. A cette double connaissance, il fallait simplement ajouter un certain effort de raisonnement pour admettre que l'adhérence des objets à la Terre ne serait pas dérangée par son mouvement. Tout le monde n'était pas capable de le faire.

Une autre objection, non moins embarrassante,

était tirée de l'effet de la rotation du globe sur les objets situés à la surface. « Si la Terre, avait déjà dit Ptolémée, tournait en 24 heures autour de son axe, les points de sa surface seraient animés d'une vitesse immense, et de leur rotation naîtrait une force de projection capable d'arracher de leurs fondements les édifices les plus solides, en faisant voler leurs débris dans les airs. » Cette force de projection, que nous appelons maintenant force centrifuge, dépend à la fois de la vitesse absolue des points situés à la surface et de la vitesse de rotation mesurée par la durée d'un tour entier. La vitesse des points situés à la surface du globe est très grande, en réalité, puisqu'à l'équateur la surface terrestre court en raison de 464 mètres par seconde, et en raison de 305 à la latitude de Paris, où le cercle à parcourir en un jour est plus d'un quart plus court qu'à l'équateur. Mais la vitesse de rotation est extrêmement petite : un tour en vingt-quatre heures, c'est la moitié de ce que fait l'aiguille des heures d'une horloge, et, tout calcul fait, la force centrifuge produite par la rotation de la Terre, loin de pouvoir arracher les édifices de leurs fondements, diminue seulement le poids des corps situés à l'équateur, où elle est la plus forte, de trois grammes environ par kilogramme. La force centrifuge développée par la rotation de la Terre n'est que la 289me partie de la force d'attraction. Mais si la Terre tournait dix-sept fois plus vite, comme la force centrifuge croît en raison du carré de la vitesse, et que $17 \times 17 = 289$, cette force serait précisément égale à la pesanteur, les objets *ne pèseraient plus*, les contradicteurs du système de Copernic auraient raison. Dans mes calculs relatifs à la loi du mouvement de rotation des corps célestes, j'ai trouvé que cette vitesse de rotation, qui vient d'être comparée à la moitié de celle de la petite aiguille d'une montre, et qui est si faible à la surface du globe, n'atteindrait une rapidité assez grande pour repousser les objets qu'à six fois et demie le rayon de l'équateur, c'est-à-dire à 10 000 lieues au-dessus de la surface. C'est seulement à cette hauteur que l'atmosphère cesserait forcément d'adhérer à la Terre, si toutefois elle pouvait s'étendre jusque-là. C'est également à cette distance, où l'attraction de la Terre et sa force centrifuge s'équilibrent, que circulerait un satellite dans une période égale à celle de la rotation du globe.

Copernic se reposait sur la Nature du soin de s'expliquer elle-même. En attendant, il répondait à cette objection par un argument de rhétorique assez à la mode à son époque, en disant qu'un mouvement *artificiel* et violent produirait sans doute les effets redoutés, mais qu'un mouvement *naturel* et doux ne devait rien déranger, et participer au contraire à l'immuable harmonie de l'univers.

Une fois le mouvement de rotation diurne de la Terre accepté comme une hypothèse parfaitement admissible, et bientôt comme une théorie de mieux en mieux prouvée, il n'était pas très difficile de faire admettre son mouvement de translation annuelle autour du Soleil. La grande question avait été de *remuer* la Terre. Du moment où cette masse lourde, et pour nous si immense, qui porte l'humanité et ses œuvres, les nations et les dynasties, n'est plus immobile à la base du monde comme autrefois ; du moment où ce globe est considéré comme isolé de toutes parts et tournant sur lui-même sans être supporté par aucun tourillon, il ne répugne plus à l'esprit d'admettre qu'il puisse changer de place, rien ne le soutenant, et lui ne soutenant rien. Or nous avons vu dans quel embarras croissant l'hypothèse de l'immobilité de la Terre au centre du monde avait mis les astronomes, et combien il avait fallu ajouter de cercles, d'épicycles, de déférents, d'excentriques, pour rendre compte des mouvements planétaires observés. En supposant que les cinq planètes tournassent autour du Soleil (Mercure en trois mois, Vénus en sept mois et demi, Mars en deux ans, Jupiter en douze et Saturne en trente ans), et que le Soleil tournât autour de la Terre en un an, en entraînant tout son cortège, on débarrassait le système planétaire de tout son enchevêtrement et l'on facilitait les tables et les calculs. C'était un rapprochement vers la réalité, que plusieurs savants proposèrent, tant dans l'antiquité qu'à l'époque de la renaissance. Mais on sentait vite que ce n'était là qu'un demi-chemin vers la vérité. La nature entière proclame la prépondérance du Soleil sur la Terre. C'est à lui que nous devons la lumière, la chaleur, les mouvements météorologiques, l'entretien de la vie du globe. Comment lui refuser la première place? Par affection pour la Terre ? Mais chaque planète pourrait en dire autant, et plusieurs seraient en meilleure position que nous pour le croire. Existe-t-il une seule raison *physique* qui puisse nous permettre de supposer dans l'astre du jour le vassal de la Terre? — Aucune. Toutes les raisons imaginables, au contraire, s'élèvent en faveur de la suprématie du Soleil sur tout le système, sans la moindre exception légitime en faveur de la Terre. Aussi l'hypothèse que nous venons de présenter ne compta-t-elle jamais qu'un très petit nombre de partisans. Tout l'un ou tout l'autre. Ou la Terre est le premier des mondes, le seul habité, le centre de l'œuvre divine. Ou elle n'est qu'une des colonies innombrables de l'archipel céleste. Dans le premier cas, tout est créé exprès pour nous, quelque absurde que cette opinion puisse paraître. Dans le second cas il y a de la logique dans l'univers, les lois de la mécanique rationnelle régissent le monde, et le Soleil étant l'astre le plus important du système, le plus gros sans comparaison, le plus lourd, le recteur, le souverain, le flambeau, doit être placé au centre de sa famille, et la Terre circule comme les autres planètes en une révolution annuelle autour de lui relativement immobile.

Le mouvement de translation de la Terre remplaçait la complication des cercles planétaires, comme le mouvement de rotation en supprimait l'immensité et l'étrange rapidité. Quelque temps avant Copernic, l'astronome Purbach, ne pouvant plus s'y reconnaître dans les stations et rétrogradations des planètes en supposant des orbites purement idéales, s'était cru obligé de rétablir les cieux solides pour rendre raison de la marche régulière des planètes, qui ont une route tracée, dont elles ne s'écartent pas. Mais depuis que des observations plus exactes, des comètes, venues de différentes régions du monde, avaient détruit cette charpente grossière, il fallait bien laisser errer les planètes dans l'espace, et on n'imaginait pas quelle puissance pouvait les forcer de se mouvoir, avec tant de constance, dans plusieurs cercles fictifs, autour d'un centre imaginaire ; il fallait dévorer l'absurdité de donner du mouvement à ce point sans étendue et dépouillé de toute existence matérielle. Copernic ne se sentit pas ce courage, dit Bailly, mais il eut celui de faire main-basse sur tout cet attirail. En adoptant le mouvement de la Terre, tous les épicycles imaginés pour en tenir lieu, disparurent; les stations et les rétrogradations des planètes, qui avaient tant embarrassé les anciens, s'expliquèrent avec la plus grande facilité. L'orbe de la Terre est intérieur à l'orbe des trois grandes planètes, Saturne, Jupiter et Mars; l'explication est la même pour chacune de ces trois planètes.

Cette simplicité d'explication est la première et la plus grande preuve du mouvement de la Terre autour du Soleil. Les hommes sentent par instinct que la nature est simple ; les stations et les rétrogradations des planètes offraient des apparences bizarres, le principe qui les ramenait à une marche simple et naturelle, ne pouvait être qu'une vérité.

Les découvertes modernes ont ajouté des preuves sans nombre à cette raison de vraisemblance. L'aplatissement du globe, l'accourcissement du pendule, la vitesse de la lumière, le phénomène de l'aberration des étoiles sont autant d'effets des deux mouvements de la Terre. La théorie de l'attraction a achevé de démontrer la nécessité du mouvement annuel. Dès que cette force est la cause du mouvement dans l'univers, le Soleil, dont la masse est considérablement plus grande que celle de toutes les planètes réunies, doit rester inébranlable, et les faire toutes mouvoir autour de lui, il ne doit pas avoir moins de prise sur la Terre, qui est petite et légère, que sur ces lourdes masses des globes immenses de Jupiter et de Saturne. L'attraction ne peut donc pas exister sans le mouvement de la Terre. Les preuves de cette force primitive, qui anime tout, sont en même temps les preuves que notre demeure ne peut rester en repos. Cette hypothèse, si l'on peut encore lui donner ce nom, est le principe de tout en astronomie, elle est le lien de toutes les vérités physiques ; sans elle, il n'y aurait plus de corps de doctrine, la lumière manquerait à chaque pas. Toutes les connaissances humaines dans ce genre forcent donc de l'admettre, et comme le remarque très bien Lalande, un traité d'astronomie n'est qu'une suite de preuves du mouvement de la Terre (*Astronomie*, art. 1099).

Toutefois, si jamais on a proposé un système hardi, c'est bien celui de Copernic; il fallait contredire tous les hommes, qui ne jugent que par les sens; il fallait leur persuader que ce qu'ils voient n'existe pas. En vain depuis leur naissance, où le jour a frappé leurs regards, ils ont vu le Soleil s'avancer majestueusement de l'Orient vers l'Occident, et traverser le ciel entier; en vain les étoiles, libres de briller dans son absence, paraissent à sa suite et font le même chemin pendant la nuit; en vain le Soleil semble chaque jour, et dans le cours de l'année, s'éloigner des étoiles, qui se dégagent successivement de ses rayons : soleil, étoiles, tout est immobile, il n'est de mouvement que dans la lourde masse que nous habitons. Il faut oublier le mouvement, que nous voyons, pour croire à celui que nous ne sentons pas. C'est un homme seul qui ose le proposer, et tout cela pour substituer une certaine vraisemblance de l'esprit sentie par un petit nombre de philosophes, à celle des sens qui entraîne la multitude. Ce n'est pas tout : il fallait détruire un système admis et enseigné dans le monde entier, et renverser le trône de Ptolémée, qui avait reçu les hommages de quatorze siècles. Sans doute les difficultés produisent le courage ; sans doute les entreprises hardies ont des succès proportionnés. Un esprit séditieux donne le signal, et la révolution s'opère ; Copernic avait aperçu la vraisemblance du système, il osa secouer le joug de l'autorité, et il débarrassa l'humanité d'un long préjugé qui avait retardé tous les progrès (*).

L'idée du mouvement de la Terre et de l'immobilité du Soleil et des étoiles était, du temps de Copernic comme du temps de l'école de Pythagore, au XVIe siècle comme au IIIe avant notre ère, l'objet des réflexions sérieuses d'un certain nombre de penseurs. Nous sommes portés à croire, d'après l'étude comparative que nous avons faite de l'établissement de l'astronomie moderne (**), que le cardinal de Cusa, qui a proclamé le mouvement de la Terre et la Pluralité des Mondes en 1444, avait recommandé verbalement la véritable connaissance du système du monde au mathématicien allemand Purbach,

(*) Voy. Bailly, *Histoire de l'astronomie moderne*, tome I, p. 337.

(**) Voy. notre ouvrage, *Les Mondes imaginaires et les Mondes réels*.

lequel, lui-même, la recommanda par écrit, et en citant le savant et hardi prince de l'Église à son élève Regiomontanus. Le premier professeur de Copernic, Albert Brudzewski, avait appris lui-même de Regiomontanus à regarder l'idée du mouvement de la Terre comme une hypothèse plus ou moins discutable, et même en était assez frappé lui-même pour la développer devant ses élèves. Ainsi, Copernic paraît l'avoir reçue comme une tradition curieuse.

En résumé, Copernic, en étant parvenu par ses propres recherches à la connaissance du véritable système du monde, sut calmer les amours-propres de ses contemporains en s'appuyant sur quelques vestiges de l'antiquité et ne paraissant rien inventer. Mais cette réserve prudente et délicate fut envisagée par quelques écrivains comme la route que Copernic avait suivie dans ses recherches, et comme un aveu des connaissances empruntées. Sa doctrine ainsi considérée donna prise à la critique peu juste de certains écrivains qui, citant quelques traits isolés de son livre, détachant et morcelant des idées vastes et neuves, pour les plier aux passages retrouvés dans quelques ouvrages des anciens, n'ont vu dans ce grand homme qu'un esprit studieux, qui rassemble laborieusement et rétablit les débris d'un édifice antique, au lieu de reconnaître dans son travail l'œuvre d'un génie créateur.

Copernic avait hérité des anciens de l'art d'observer et d'un vaste dépôt d'observations. Sans rien changer ni rien ajouter au premier, il augmenta le second par ses propres travaux et en tira un avantage précieux, en en faisant la base et la preuve de ses idées, qui ne pouvaient être irrévocablement établies que par leur accord avec les faits observés. La notion vague et déjà discutée du mouvement de la Terre réveilla l'activité de son génie, qui y entrevit une carrière où personne n'était encore entré; et voilà à quoi se réduisent tous les services qu'il doit à l'antiquité. Mais dans l'analyse et le développement du mouvement de la Terre, dans son application heureuse aux phénomènes, dans les conséquences qu'il en a tirées, dans cet enchaînement des raisonnements et des faits d'où devait sortir une série de vérités inconnues avant lui, et dans cet édifice moderne de la science des astres, en un mot, dans la construction et l'exposition de son système, les passages des auteurs anciens n'ont pu lui être d'aucune utilité réelle. Ainsi, tout assure à Copernic la gloire et le nom de premier véritable interprète des mouvements célestes et de premier fondateur de l'astronomie moderne.

Du reste, comme nous l'avons déjà vu, il ne craint pas de remarquer que les anciens mathématiciens et philosophes n'ont pu donner aucune forme harmonieuse au mécanisme de l'univers, et que toutes ses parties manquaient d'ensemble et de symétrie. « On peut, dit-il, comparer leur ouvrage à celui qui aurait ramassé, de différents endroits, les mains, les pieds, la tête, et d'autres parties du corps qui n'ont aucun rapport les unes avec les autres, et en aurait composé un ensemble qui serait plutôt un monstre hideux qu'une créature humaine. » Voilà les traits sous lesquels apparaissait à Copernic l'édifice de l'astronomie ancienne. « Aussi, dit-il encore, dans l'explication du mouvement sidéral, tantôt ils omettaient arbitrairement des principes indispensables, tantôt ils inventaient des règles arbitraires qui n'avaient aucun rapport avec l'ensemble du mécanisme du monde, ce qui ne leur serait pas arrivé s'ils avaient appuyé leurs recherches sur une base solide et certaine. Si leurs hypothèses n'avaient pas été fondées sur des faits erronés, toutes les conséquences qu'ils en tirent porteraient le cachet de la vérité. En examinant cette monstruosité dans le mécanisme sidéral, et ce manque de précision dans les recherches des mathématiciens, mon âme souffrait de ce qu'on n'avait pas trouvé la raison certaine du mouvement sidéral qui, d'après notre avis, a été créé par le plus sage et le plus parfait des ouvriers. »

L'ouvrage immortel des *Révolutions des orbes célestes*, envisagé dans ses détails et dans son ensemble, atteste et prouve invinciblement la vérité suivante, que Copernic commença d'abord par embrasser et réunir dans sa pensée tout l'ensemble des connaissances astronomiques depuis Hipparque jusqu'à son temps; qu'il soumit cet ensemble à l'épreuve du raisonnement et des faits; et que dans ses méditations longues et profondes il reconnut les défauts et les erreurs de l'ancienne doctrine. Il s'empara ensuite de l'idée du mouvement de la Terre, en pénétra les rapports les plus éloignés, parcourut avec elle les travaux et les observations de dix-neuf siècles. La réflexion profonde et recueillie, en comparant les phénomènes et en saisissant leurs rapports, lui fit voir les mouvements célestes sortir de cette idée, et réciproquement cette idée naître et résulter de l'inspection des mouvements célestes.

Ayant ensuite à annoncer des vues et des vérités qui auraient pu passer pour autant de paradoxes et effaroucher les esprits prévenus, presque toujours rebelles aux idées nouvelles, il se garda de leur dire ouvertement qu'on se fût trompé pendant tant de siècles. De là ces soins étudiés pour déguiser l'importance et la nouveauté de sa découverte; de là cette attention à mettre en avant tous les passages des anciens qui pouvaient offrir le moindre trait de ressemblance avec le nouveau système, habillé de la sorte sur la mode antique.

Jean Sniadecki, professeur de mathématiques et d'astronomie à Cracovie, a publié, en 1802, un *Discours sur Nicolas Copernic* pour répondre au concours ouvert par la Société littéraire de Varsovie. Dans ce discours, l'auteur a résumé comme il suit, et d'une manière très remarquable, l'action personnelle de l'illustre astronome dans la rénovation du véritable système du monde :

« Pour établir ce système, dit-il, quel secours pouvaient lui offrir les travaux et les connaissances des anciens? quelles sont ses idées vraiment originales et qu'a-t-il emprunté à ses devanciers? Ni l'histoire de l'astronomie, ni la sévère critique ne sauraient répondre à cette question d'une manière plus précise que ne le fait Copernic lui-même. Presque chaque chapitre de son ouvrage des Révolutions des Orbes célestes présente à la fois et le précis historique, et le développement des idées qui en sont l'objet. Juge impartial de ses prédécesseurs, tantôt il en explique et discute les idées, tantôt il y substitue les siennes. Les droits de propriété aux conceptions de son génie ne sont nulle part flétris par le plagiat, ni sa gloire ternie par les prétentions de la vanité. Dominé impérieusement par l'amour de la vérité et de la science, il dédaigne les petites jouissances de l'amour-propre. Loin de vanter sa doctrine et de la présenter comme une découverte, il cherche à en déguiser la nouveauté, pour ne pas effaroucher son siècle par un système hardi. On croirait, à l'attention qu'il a apportée à recueillir, à alléguer toutes les notions de l'antiquité sur le mouvement de la Terre, qu'il ait pris à tâche de dépouiller ses propres idées de leur caractère d'originalité. Mais l'examen impartial de son ouvrage suffit pour nous convaincre que tout ce système, considéré dans son ensemble et dans son développement, n'est pas un édifice composé de débris de l'ancienne doctrine, mais une création bien caractérisée.

« Que prouvent cependant ces témoignages réunis sur les opinions de l'antiquité, opinions que Copernic rapporte fidèlement dans son ouvrage, sinon que, parmi les sages de la Grèce, nommément ceux de l'école de Pythagore, il se trouvait des philosophes qui avaient avancé l'idée, ou plutôt le soupçon du mouvement annuel et diurne de notre globe, mais qu'on n'y trouve aucun passage qui nous présente cette opinion appuyée de quelques preuves, développée dans ses conséquences et éclairée par son application aux phénomènes? Cette idée n'était point inconnue à Ptolémée, elle ne l'était pas non plus à ses commentateurs arabes et européens, puisque le premier, dans son *Almageste*, les derniers dans leurs commentaires, posant pour base de leur doctrine l'immobilité de la Terre, s'attachent à réfuter l'opinion contraire et à la présenter comme inadmissible. S'il eût existé dans les écrits des anciens le moindre vestige de cette hypothèse éclaircie et fixée dans ses rapports avec les mouvements célestes, Ptolémée et ses successeurs n'auraient pas manqué d'en discuter le développement, tandis que pour la combattre ils ne s'appuient que sur des principes métaphysiques vagues et la plupart erronés : c'est ce que Copernic fait très bien remarquer dans les septième et huitième chapitres du premier livre de son ouvrage. »

Le grand philosophe allemand, Herder, rend justice dans les termes suivants à l'œuvre de Copernic, dans laquelle il admire non seulement l'importance scientifique, mais encore et surtout les conséquences philosophiques relatives à notre juste conception de la nature. En établissant le véritable système du monde, Copernic a plus fait pour la philosophie que toutes les écoles de la Grèce avec leur dialectique.

« C'est par le Ciel, dit Herder, c'est par le Ciel que doit commencer notre philosophie de l'histoire de la race humaine, si elle veut en quelque manière mériter ce nom; car la terre que nous habitons n'étant rien par elle-même, mais recevant des forces célestes, dont l'action s'étend à tout notre univers, ses propriétés et sa forme, sa faculté de créer et de conserver les êtres, nous ne devons pas l'envisager seule et isolée, mais la considérer dans le milieu des mondes où elle est placée. D'invisibles, d'éternels liens la rattachent au Soleil, centre où elle puise la lumière, la chaleur, la vie et la fécondité. Sans le Soleil, nous ne pouvons concevoir notre système planétaire, pas plus qu'on ne peut imaginer une circonférence qui n'ait point de centre; c'est lui, c'est sa bienfaisante force d'attraction dont l'Éternel l'a doué et a doué tous les corps, qui nous montre dans son domaine les planètes obéissant à des lois d'une admirable simplicité, tournant rapidement sans relâche autour de leur axe et d'un centre commun, dans des espaces proportionnés à leur grandeur et à leur densité, de même que des satellites, en vertu des mêmes lois, tournent autour de quelques-unes d'entre elles et en restent dépendants. Rien n'offre un coup d'œil aussi sublime que le spectacle de cette grande structure du monde; et jamais peut-être la raison humaine ne prit un essor plus hardi et plus heureux que lorsque Copernic, Képler, Newton, Huygens, Kant, découvrirent et établirent les lois simples, éternelles et parfaites de la formation et du mouvement des planètes » (*).

Voici en quels termes Delambre juge l'œuvre de Copernic dans l'établissement de l'astronomie moderne. C'est un jugement qui résume sous un point de vue absolument classique les considérations variées qui précèdent.

Les Grecs étaient grands métaphysiciens et grands discoureurs. Ils aimaient la dispute et l'argumentation. Leurs sectes étaient divisées sur tous les points. Il suffisait qu'une école professât une doctrine pour que l'école voisine em-

(*) *Philosophie de l'histoire de l'humanité*, 1784, chap. Ier.

brassât l'opinion contraire. Thalès disait que l'eau était le principe de tout. Anaximène prétendait que c'était l'air. Les plus anciens d'entre les philosophes avaient dit sans doute que la Terre était immobile au centre du monde; que le Soleil, par ses divers mouvements, nous donnait le jour, la nuit et les saisons. Ils s'étaient contentés d'expliquer par quel mécanisme tous les phénomènes observés pouvaient s'opérer. Quelques Pythagoriciens, pour se distinguer, placèrent le Soleil au centre et lancèrent la Terre dans l'écliptique. Ils prétendaient que le Soleil était le plus noble de tous les corps. On pouvait leur opposer que l'homme est l'être le plus important, que tout a été créé pour lui, qu'il convient d'assurer la stabilité de sa demeure, et que c'est aux astres à tourner autour de lui pour le chauffer et l'éclairer.

Ces raisons, sans être meilleures au fond, avaient du moins un plus grand air de vraisemblance. Mais quels motifs peut-on supposer aux Grecs pour rejeter le témoignage de leurs philosophes et affirmer l'immobilité du Soleil? Avaient-ils observé un seul phénomène dont on ne pût rendre raison dans l'hypothèse de la Terre immobile? Quand les astronomes eurent observé les stations et les rétrogradations des planètes, Apollonius avait donné les théorèmes nécessaires pour expliquer et calculer ces apparences singulières. Le mouvement du Soleil dans l'écliptique expliquait d'une manière bien simple la succession et le retour des saisons. La rotation du Ciel en vingt-quatre heures expliquait tout aussi naturellement le jour et la nuit. Les Pythagoriciens eux-mêmes ne disaient-ils pas que les phénomènes s'expliquent également bien, soit qu'on place la Terre au centre ou qu'on la fasse mouvoir le long de l'écliptique? Comment Séleucus aurait-il pu démontrer ce qu'Aristarque s'était contenté de conjecturer? Malgré les progrès immenses de l'astronomie, les modernes ont-ils pu assigner une preuve directe du mouvement diurne de la Terre avant le voyage de Richer à Cayenne, et la nécessité où il se trouva de raccourcir son pendule? Ont-ils pu trouver une démonstration positive et directe du mouvement annuel de la Terre, avant que Rœmer eut mesuré la vitesse de la lumière et avant que Bradley eut observé et calculé les phénomènes de l'aberration? Avant ces découvertes, avant celle de la pesanteur universelle, les plus déterminés Coperniciens n'étaient-ils pas réduits à de simples probabilités? Ne se bornaient-ils pas à faire valoir la simplicité du système de Copernic, qu'ils comparaient à la complication absurde du système de Ptolémée?

Les anciens, à plus forte raison, et surtout lorsqu'ils n'avaient encore que des idées très confuses des mouvements des planètes, se seraient trouvés dans le même embarras que les modernes. Ils n'auraient pu donner en preuve que la simplicité de l'idée pythagoricienne. Mais cette simplicité même, l'ont-ils soupçonnée? En voit-on la plus simple mention? Puisqu'ils n'ont fait que si peu d'attention à cette idée (qui ne se trouve que chez Cicéron Vitruve et Capella), que le Soleil était le centre des mouvements de Mercure et de Vénus, et qu'ils n'ont pas su étendre cette notion aux autres planètes, comment se persuader qu'ils aient pu rendre toutes les orbites, et même celle de la Terre, concentriques au Soleil, pour y trouver une explication plus simple des stations et des rétrogradations. Enfin, quand j'accorderais, malgré le silence universel de tous les auteurs, et contre ma conviction intime, que les anciens ont eu ces idées, il est du moins incontestable qu'il n'en restait aucun vestige. Copernic a été obligé de les imaginer de nouveau. Son système lui appartient en propre.

Ce système n'est pour nous, ni celui de Philolaüs, ni celui d'Aristarque, dont les écrits ne nous sont point parvenus, il est celui de Copernic, qui a mérité d'y attacher son nom, par le soin qu'il a pris d'en expliquer toutes les parties, d'en faire sortir tous les phénomènes que l'on observe, d'y trouver la cause des mouvements de précession remarqués depuis 1800 ans, sans que jamais on eût tenté de leur assigner d'autre cause que l'existence hypothétique d'une huitième sphère, qui faisait sa révolution en 36000 ans autour des pôles de l'écliptique, et qu'il fallait en outre faire tourner en vingt-quatre heures autour des pôles de l'équateur, pour rendre raison du mouvement diurne.

C'est donc par Copernic que le mouvement de la Terre a été réellement introduit dans l'Astronomie et non pas seulement dans les disputes de l'école ; c'est lui qui a démontré comment la révolution de la Terre autour du Soleil explique la succession des saisons et la précession des équinoxes ; c'est lui qui nous a fait voir avec quelle simplicité les mouvements inégaux, dans des orbites concentriques au Soleil, donnent naissance aux phénomènes des rétrogradations.

C'est lui qui a posé l'Astronomie sur une base nouvelle et qui, par ce changement important, a ouvert la route à toutes les recherches modernes. C'est à l'enthousiasme que cette vérité nouvelle excita chez Képler que nous avons dû la figure véritable des orbites planétaires et les lois des mouvements. L'idée du mouvement de la Terre n'avait rien produit chez les anciens, parce que jamais elle n'avait été prise sérieusement en considération par leurs astronomes; c'est son adoption qui ouvre l'époque de l'astronomie moderne.

Mais si Copernic eut la gloire d'être le fondateur de cette Astronomie, celle de s'en montrer le législateur était réservé à un génie plus inquiet et plus hardi. On dirait qu'effrayé du pas qu'il avait osé faire, Copernic n'eut pas le courage de mettre lui-même la dernière main à son ouvrage. Pour conjurer l'orage qu'il redoutait, il s'attacha uniquement à s'assurer le suffrage des astronomes en leur prouvant que rien n'était changé pour eux, qu'ils n'avaient rien à oublier ni rien à apprendre; que toutes leurs méthodes subsistaient, et même devenaient un peu plus faciles.

Jetez les yeux sur la figure qui représente le système de Copernic, en vous bornant d'abord aux considérations les plus générales; rien ne paraîtra plus simple et plus naturel. Vous y verrez six orbites circulaires dont le Soleil est le centre commun. La Terre, en parcourant son orbite présente successivement aux rayons directs du Soleil chacun des parallèles de sa zone torride, qui tous ont successivement le Soleil à leur zénith; voilà les saisons expliquées.

La succession des jours et des nuits se conçoit plus facilement encore par la révolution autour de l'axe en vingt-quatre heures.

Ce que nous disons de la Terre aura lieu également pour Mercure, Vénus, Mars, Jupiter et Saturne, pour les cinq planètes qui étaient alors connues, et pour toutes celles qu'on pourra découvrir par la suite. Chacune de ces planètes aura le même droit que la nôtre de se croire immobile au centre du monde et de transporter au Soleil le cercle qu'elle décrit elle-même autour de cet astre, dans un temps plus ou moins long. Le mouvement que chacune attribuera au Soleil sera différent, mais également simple; au lieu que si la Terre est immobile au centre du monde, que le Soleil décrive réellement l'écliptique et que la Terre soit le centre commun; chacune des planètes décrira une courbe différente, qui aura ses nœuds et ses points d'intersection; le mouvement qu'elle attribuera au Soleil aura la même complication; enfin, le système ancien ne convient qu'à la Terre seule et présente des bizarreries inexplicables; celui de Copernic est universel, il convient également à toutes les planètes; tous les mouvements ont les mêmes lois et la même simplicité.

Par cet arrangement Copernic supprime tout d'un coup les épicycles que Ptolémée avait été forcé de donner aux planètes; les stations et les rétrogradations de chacune d'elles, vues des cinq autres, deviennent des corollaires mathématiques de leurs différents rayons et de leurs mouvements inégaux. Toutes les parties du système sont liées, les rapports mutuels sont déterminés, toutes les distances sont ramenées à une même échelle, au lieu que dans l'ancien système tout était incohérent et vague. On pouvait à son gré éloigner ou rapprocher chacune des planètes, sans s'imposer d'autre loi que de ne point intervertir l'ordre des distances en mettant plus près du centre commun la planète dont la révolution zodiacale est la plus longue ; à cela près, tout était arbitraire.

Ces avantages du système de Copernic étaient déjà de la plus grande importance. Jamais les anciens n'en ont eu le moindre soupçon, ou s'ils les ont connus il est bien incroyable qu'aucun d'eux n'en ait parlé. Comment concevoir que les Pythagoriciens eussent négligé de les faire valoir, à l'appui de leurs raisons métaphysiques sur le lieu le plus honorable et la partie la plus précieuse? Ces raisons mathématiques auraient-elles manqué d'obtenir l'assentiment d'Archimède, d'Hipparque, de Ptolémée et de tous les géomètres de la Grèce? Pour faire triompher le nouveau système des préjugés les plus invétérés, que fallait-il, sinon l'exposer dans tous ses détails et avec tous ses avantages? Voilà ce qui était impossible avant Ptolémée; voilà ce que n'ont pu faire ni Aristarque, ni Philolaüs, ni Séleucus, puisqu'ils n'avaient point de tables des mouvements planétaires; voilà l'obligation que nous avons à Copernic.

Copernic a fait un pas important, et sans lequel tout progrès ultérieur était impossible; mais si l'esprit de réforme se fût borné à ce qu'avait osé Copernic, il faut l'avouer, l'Astronomie pratique eut gagné peu de chose au changement de système. Pour aller plus loin, il manquait au fondateur de l'Astronomie moderne une suite considérable d'observations plus précises et plus sûres, il lui manquait le goût et l'aptitude pour les longs calculs. Mais la vie de l'homme est si courte et ses forces sont si bornées! Tycho-Brahé fit ces observations, qui manquaient à Copernic. L'astronome danois, en mourant, laissa Képler en possession de tout ce qui était nécessaire pour compléter la révolution commencée. Mais il faut dire aussi qu'il fallait que cet héritage tombât en des mains capables de le faire valoir (*).

L'astronome Delambre, on le voit, juge l'œuvre de Copernic sans enthousiasme et avec toute l'exactitude de l'analyste. L'auteur de la rénovation du système du monde nous a donné la base de la réalité, sans pouvoir découvrir tous les détails qui devaient plus tard développer avec une extension si splendide la connaissance du mécanisme de l'univers. Aux observations patientes de TYCHO-BRAHÉ, aux recherches théoriques de KÉPLER, s'ajoutèrent les discussions ingénieuses de GALILÉE, les calculs mathématiques de NEWTON, les travaux divers de Cassini, Roëmer. Halley, Richer, Clairaut, Bradley, Lalande, Laplace, Bessel, et de cent autres de toutes les nations. Mais l'astronome polonais reste le père spirituel de la brillante famille des astronomes modernes.

(*) Delambre, *Histoire de l'Astronomie moderne. Discours préliminaire.*

CHAPITRE IX

MORT DE COPERNIC

Son tombeau. — Ses reliques. — Sa mémoire.

La publication d'un ouvrage de la valeur et de l'importance de celui de Copernic aurait pu avoir de graves conséquences pour la tranquillité de son auteur. On ne renverse pas impunément les idoles anciennes. Tous ceux qui, par conviction, sont attachés aux croyances classiques et ne sentent pas le progrès de l'humanité; tous ceux qui, par intérêt, redoutent l'innovation et la révolution, sont disposés à combattre, les premiers fièrement, les seconds hypocritement, les tentatives faites en faveur du progrès et de la liberté. Les chaires officielles devaient inévitablement considérer d'abord l'ouvrage de Copernic comme un roman, en interdire ensuite la lecture si des esprits pénétrants semblaient en faire cas, et réunir leurs efforts pour s'opposer à l'avènement de la nouvelle doctrine qui devait les renverser. Le vénérable fondateur de l'astronomie moderne ne devait pas assister à cette phase.

Comme l'a si finement écrit Fontenelle, le nouveau système était humiliant. « Aussi, ajoute-t-il, Copernic lui-même se défiait-il fort du succès de son opinion. Il fut très longtemps à ne la vouloir pas publier. Enfin il s'y résolut à la prière de gens très considérables; mais aussi le jour qu'on lui apporta le premier exemplaire de son livre, savez-vous ce qu'il fit?... Il mourut! Il ne voulut pas essuyer toutes les contradictions qu'il prévoyait, et se tira habilement d'affaire. »

Partir pour un autre monde au moment où il déplaçait celui-ci et le renversait de sa base séculaire était, en effet, une manière originale d'éviter tous les embarras qui pouvaient résulter de cette révolution. Il est possible que dans son sentiment intime il ait reculé à dessein jusqu'au dernier moment la publication de son œuvre. Cependant il ne semble pas que Copernic ait craint ni prévu les obstacles que les corps ecclésiastiques, alors à la tête de l'enseignement, devaient mettre à la propagation de la vérité. Pendant toute la durée du siècle qui vit paraître la théorie copernicienne, du reste, il n'y eut aucun empêchement, et elle passa pour ainsi dire inaperçue : elle restait alors à l'état d'hypothèse, et n'était point enseignée. Quelques astronomes seulement y prenaient garde, l'examinaient et l'adoptaient : elle était encore ésotérique. Ce n'est qu'au commencement du siècle suivant, lorsque Galilée tout en professant le système de Ptolémée se passionna peu à peu pour le nouveau et voulut le substituer à l'ancien, en déclarant qu'il n'était pas contraire aux Écritures, c'est alors seulement que les Conseils ecclésiastiques intervinrent et s'y opposèrent.

Le premier exemplaire imprimé fut apporté à l'illustre septuagénaire quand déjà, paralysé de corps et d'esprit, il se préparait à mourir. Il vit le volume, il put encore le toucher, mais sa pensée n'était plus aux choses temporelles. Il mourut quelques jours plus tard, le 24 mai 1543 (*). Deux ans auparavant, une partie importante de sa doctrine avait été déjà répandue dans le public, par une lettre imprimée de l'un de ses plus

(*) On lit dans la *Vie de Copernic* par Gassendi, annexée à sa biographie de Tycho : « *Eodem die et horis non multis priusquam animam efflaret.* » Mais Schubert, dans son *Astronomie*, 1re partie, p. 115, et Robert Small, dans le savant ouvrage intitulé *Account of the astron. discoveries of Kepler*, 1804, p. 92, ont démontré que Copernic mourut quelques *jours* et non quelques *heures* après la publication de son ouvrage. Le directeur des archives de Kœnigsberg, Voigt, a publié une lettre écrite au duc de Prusse, après la mort de Copernic, par un chanoine d'Ermeland, George Donner, où il est dit « que le digne et honorable docteur Nicolaus Koppernik a laissé échapper son ouvrage quelques jours avant de quitter cette terre, comme le cygne chante avant de mourir. » D'après la tradition commune, le livre avait été commencé en 1507, et il était tellement avancé en 1530, que l'auteur se contenta d'y apporter plus tard quelques rares améliorations. Le cardinal Schonberg en pressait déjà la publication, dans une lettre écrite de Rome en novembre 1536 ; il voulait en faire prendre une copie par Théodore de Redon et se la faire adresser. Copernic dit lui-même, dans sa dédicace au pape Paul III, que l'entier achèvement de l'ouvrage a rempli un espace de quatre fois neuf années (quartum novennium). Si l'on songe combien il fallait de temps pour imprimer un écrit de 400 pages, il est vraisemblable que la dédicace ne fut pas écrite dans l'année de sa mort, arrivée en 1543 : d'où l'on peut conclure, en défalquant de cette date trente-six années, que Copernic se mit à l'œuvre non pas après, mais avant l'an 1507. (*A. de Humboldt*).

ardents disciples, Joachim Rheticus, à Jean Schoner, professeur de Nurenberg. Ce n'est pourtant ni le succès du système de Copernic, ni la théorie renouvelée du Soleil central et du double mouvement que décrit la Terre, qui, un peu plus de cinquante ans après, conduisirent aux brillantes découvertes astronomiques par lesquelles s'ouvre le XVIIe siècle. Les découvertes, qui complétèrent et agrandirent le système de Copernic, ont pour cause l'invention fortuite du télescope. Mais, fortifiés et élargis par les résultats de l'astronomie physique, tels que les observations faites sur le système des satellites de Jupiter et sur les phases de Vénus, les principes de Copernic ont frayé à l'astronomie théorique des voies qui devaient conduire à un but plus sûr et provoquer la recherche des problèmes, dont la solution exigeait le perfectionnement du calcul analytique. De même que George Purbach et Regiomontanus ont eu une heureuse influence sur Copernic et ses disciples, Rheticus, Reinhold et Mœstlin, ceux-ci à leur tour agirent sur les travaux de Képler, de Galilée et de Newton, bien qu'ils en soient séparés par un plus long espace de temps. Ainsi, un lien intellectuel rattache le XVIIe siècle au XVIe; et l'on ne pourrait retracer l'agrandissement que la contemplation du monde a dû, dans le XVIIe siècle, à l'astronomie, sans rechercher l'impulsion que cette période avait reçue de la précédente.

Le vénérable astronome, disons-nous, eut à peine le bonheur de voir son ouvrage imprimé. Dès qu'il fut achevé, Rhéticus en envoya le premier exemplaire à son auteur. Il en était temps.

L'âge avancé, les fatigues, les adversités avaient brisé le corps de l'illustre mathématicien. Un écoulement de sang joint à la paralysie du côté droit le mirent au lit, et le rendirent incapable de tout travail intellectuel. Sa mémoire s'affaiblissait visiblement, bientôt ses forces l'abandonnèrent entièrement. Quand ses amis lui apportèrent l'exemplaire de son ouvrage imprimé, ses derniers moments approchaient. Le philosophe le vit d'un œil satisfait, le toucha de ses mains affaiblies, mais bientôt le prêtre sentant qu'il devait paraître bientôt devant le Juge suprême, abandonna le livre et ne s'occupa que du salut de son âme.

Il rendit le dernier soupir à l'âge de soixante-treize ans, pleuré par les habitants de la commune qu'il avait comblés de bienfaits, regretté par ses amis, peu apprécié par ses contemporains. Un petit nombre seulement d'hommes supérieurs reconnaissaient dans Copernic le révélateur de l'harmonie sidérale. Les guerres continuelles que la Pologne fut forcée de soutenir ne lui laissèrent pas le temps de rendre à Copernic un hommage digne de lui. L'Europe, occupée des luttes religieuses provoquées par la révolte de Luther, ne fit pas attention à la fin de l'homme dont le génie a imprimé une si grande impulsion à l'intelligence humaine.

Le corps de Copernic fut déposé dans l'église de Warmie. Une pierre modeste, avec une inscription analogue, indiquait aux passants que dans cet endroit reposait plutôt un humble pécheur qu'un savant qui illustra sa patrie et honora la science. Voici cette inscription :

Non parem Paulo veniam requiro,
Gratiam Petri neque posco, sed quam
In crucis ligno dederis latroni
Sedulus oro.

« Je ne demande pas le pardon accordé à Paul, et je n'espère pas la grâce donnée à Pierre. Je sollicite seulement la faveur que vous avez faite au larron attaché à la croix. »

Cette épitaphe n'a rien d'astronomique. Elle peint l'humilité d'un catholique pieux, qui a beaucoup souffert et qui rejette au loin toute prétention vaniteuse. Après avoir rempli sa vie par des actes charitables, après avoir rendu des services immenses à la science, il ne sollicite que la faveur du pécheur pardonné. Elle est sans doute le reflet des dernières paroles du chanoine de Thorn.

Trente ans après la mort de Copernic, Martin Kromer, historien polonais, fut appelé à remplacer l'évêque de Warmie. Il ne voulut pas prendre possession du chapitre sans rendre un solennel hommage à la mémoire de l'illustre astronome. Il fit remplacer l'ancienne pierre par un marbre sur lequel on grava cette inscription :

D. O. M.
R. D. Nicolao Copernico
Tornenti, artium
Et medicinæ
Doctori,
Canonico Warmiensi
Præstanti astronomiæ
Instauratori :
Martinus Cromerus
Episcopus Warmiensis
Honoris et ad posteritatem
Memoriæ causa posuit.
MDLXXI

Le chanoine astronome resta paisiblement endormi dans son tombeau, sans y être troublé ni par les honneurs d'une gloire posthume ni par les cris séditieux des révolutionnaires. Galilée, né en 1564, mort en 1642, [commença seul à mettre en évidence avec éclat la probabilité de la théorie copernicienne. Mais Copernic ne reçut même pas dans la première moitié du dix-septième siècle, un hommage tardif, car sa théorie fut condamnée par les corps enseignants aussitôt annoncée. Dans le premier siècle qui suivit la mort de Copernic, nous ne trouvons ni en Pologne ni dans aucun autre pays, une consciencieuse appréciation de sa vie et de ses œuvres.

Cent ans après sa mort, un savant français, Gassendi, en écrivant les biographies des illustres mathématiciens, a cru de son devoir de recueillir des notes sur la vie de Copernic. Mais alors la gloire de Copernic n'était pas encore assez établie, ni sa découverte assez appréciée. L'arrêt de la congrégation de l'index intimidait les plus hardis, et Gassendi n'accorde dans son œuvre qu'une place secondaire au restaurateur de l'astronomie; l'histoire de sa vie se glisse comme un supplément dans la vie de Tycho-Brahé, parmi les biographies de Purbach et de Regiomontanus (*).

(*) Cette notice contient 81 pages in-quarto, et en tête se trouve le portrait de Copernic, avec cette inscription :

Nicolaus Copernicus, Tornæus, Borussus, Mathemat. nat anno 1473. Ob. 1543. Au bas on lit ces deux vers :

« Non docet instabilis Copernicus ætheris orbes.
« Sed terræ instabiles arguit ille vices. »

Au commencement de notre siècle, le 12 août 1802, deux compatriotes de Copernic, fervents admirateurs de son génie, visitèrent Warmie et cherchèrent à reconnaître les derniers vestiges que le temps pouvait avoir laissés de l'observatoire du vénérable astronome. C'étaient l'historien Thadée Czaçki et le poète Martin Molski.

Un pasteur luthérien habitait la maison de Copernic. On voyait encore, au-dessus d'une cheminée, des vers écrits de la main du chanoine. Une ouverture ovale, pratiquée au-dessus de la porte pour faire aboutir les rayons du soleil à un point marqué dans la seconde chambre, était bouchée depuis quinze ans seulement, elle était restée pendant deux siècles et demi à l'état de gnomon. La tour voisine, où Copernic passait ses nuits, était transformée en prison.

De Warmie, les visiteurs se rendirent à Frauenbourg. « En nous dirigeant vers l'église, où reposaient les cendres de Copernic, disent-ils, nous avions son nom à la bouche. Les vieillards

Depuis l'instant de la naissance de Copernic jusqu'à sa dernière heure, tous les événements les plus importants de sa vie y sont racontés avec la plus précieuse exactitude. Copernic est né à Thorn, il est élève de l'Université de Cracovie. Il part pour l'Italie, professe le cours de mathématiques à Rome, et revient dans sa patrie. Nommé chanoine de Warmie, il élabore son immortelle œuvre *de Revolutionibus*. Appelé à représenter le chapitre, il le défend contre les attaques des chevaliers teutoniques. A la Diète de Grudzionz, il tâche de relever le commerce et l'industrie par la refonte et la réforme de la monnaie. Charitable, généreux, il aide les pauvres de sa bourse et de ses conseils. Enfin il meurt, estimé par quelques amis, et tourné en ridicule par les histrions. Tous ces détails, ainsi qu'une courte analyse de son livre, se trouvent dans Gassendi, de même que plusieurs poésies de Tycho et d'autres auteurs.

et les jeunes gens, accoutumés dès l'enfance à prononcer ce nom avec attendrissement, laissant à l'admiration des savants les productions sublimes du génie de l'astronome, rappelaient son souvenir à la vue de ce qui les intéresse de plus près, à la vue de la fontaine qui porte son nom.

« Nous entrâmes dans l'église. Près de l'autel affecté au canonicat de Copernic, était une pierre sépulcrale, enveloppée en partie par une balustrade de marbre, qui entoure le grand autel. Des sphères grossièrement gravées, et les lettres NICOL... indiquaient le lieu où reposaient les restes précieux du grand homme. Le chapitre permit avec sympathie de faire l'examen du tombeau. En lavant la pierre, on parvint à distinguer les lettres NICOL... COP.....US ; et dans la seconde ligne : OBIIT ET N. M.... le reste des lettres était effacé. La pierre étant levée, on fouilla à l'ouverture ; car avant le dix-huitième siècle, les chanoines de Warmie n'avaient point de tombeaux particuliers. On ne découvrit que quelques ossements à demi consommés. Le chapitre a retenu un sixième de la dépouille mortelle de Copernic, et nous emportâmes le reste, avec un certificat en forme, muni de la signature des premiers prélats du chapitre ; nous envoyâmes à l'église de Pulawy un tiers de ces reliques, et nous gardâmes les deux tiers pour la Société.

« Nous n'avons rien épargné pour découvrir quelques écritures de Copernic..., on trouve de ses signatures sur les actes du chapitre. Les habitants de Frauenbourg nous assuraient qu'on avait longtemps conservé quelques instruments travaillés par Copernic lui-même. On sait que Tycho s'était vanté de posséder des règles parallactiques, faites en bois de la propre main de cet homme, comme il l'appelle, incomparable. Il les avait reçues en présent de Hannow, chanoine de Warmie. Tous ces souvenirs ont disparu. Les personnes mêmes qui nous disaient avoir encore vu quelques-uns de ces instruments ne s'accordaient point dans leurs récits, ni sur leur nombre, ni sur leur nature et leur forme. Les manuscrits de Copernic auront probablement subi le même sort (*). »

Arago rapporte qu'en 1807, l'empereur Napoléon, en passant par Thorn désira recueillir personnellement tout ce que la tradition avait con-

(*) Quelques fragments ont été retrouvés et publiés en fac-similé. C'est d'après ces fragments que nous avons pu reproduire la figure de la page 31.

Cette recherche des dernières reliques du vénérable astronome remet en mémoire la circonstance bizarre à laquelle on doit d'avoir retrouvé une partie des manuscrits de Galilée. Dans le printemps de l'année 1739, deux savants italiens, Lami et Nelli, allèrent déjeuner dans une taverne, à Florence, portant pour enseigne : *Auberge du pont;* chemin faisant, ils entrèrent chez un charcutier renommé et y achetèrent un saucisson de Bologne qui leur fut remis enveloppé dans un papier. Arrivés à l'auberge, Nelli remarqua que l'enveloppe du saucisson était une lettre de Galilée, il la nettoya aussi bien qu'il le put avec sa serviette et la mit dans sa poche, sans dire à Lami un seul mot de sa trouvaille. Rentré en ville, Nelli se rendit à la boutique du charcutier, lequel lui dit qu'il achetait souvent au poids des papiers semblables à un domestique qu'il ne connaissait pas. Nelli obtint tout ce que le marchand de saucissons avait de papiers, et ayant guetté pendant plusieurs jours l'arrivée du domestique inconnu, il fut mis en possession, au prix d'une certaine somme, de tout ce qui restait encore des précieux trésors que Viviani, l'élève et l'ami de Galilée, avait cachés par prudence quatre-vingt-dix ans auparavant dans une grande malle.

servé sur Nicolas Copernic. Il apprit que la maison de l'illustre astronome était occupée par un tisserand. Il s'y fit conduire. Cette habitation de très mince apparence se composait d'un rez-de-chaussée et de deux étages. Tout y était conservé dans l'état primitif. Le portrait du grand astronome était suspendu au-dessus du lit dont les rideaux de serge noire dataient du vivant de Copernic; sa table, son armoire, ses deux chaises, tout le mobilier du savant était là!

L'empereur demanda au tisserand s'il voulait lui vendre le portrait du grand homme, qu'il aurait fait transporter dans le musée Napoléon, au Louvre ; mais l'artisan refusa, car il considérait ce portrait comme une sainte relique qui portait bonheur. L'empereur n'insista pas et respecta cette touchante superstition (*).

En quittant la maison de Copernic, Napoléon alla à l'église Saint-Jean, visiter le tombeau de l'auteur de l'ouvrage sur les *Révolutions célestes*. Il le fit réparer avec soin, et transporter à côté du maître-autel, afin qu'il fût visible de tous les points de l'église. Ces travaux se firent aux frais de Napoléon.

Staszye, président de la Société des Amis des Sciences à Varsovie, conçut, vers 1820, l'idée d'élever une statue à Copernic. Il ouvrit à cet égard une souscription nationale, et en même temps confia à l'un des plus habiles sculpteurs

(*) Il y a, à l'Observatoire de Paris, un grand portrait de Copernic, peint en 1735, d'après un portrait original conservé à la bibliothèque de Thorn, au-dessous duquel on lit l'épitaphe primitive du modeste tombeau du chanoine, que nous avons rapportée plus haut.

de l'Europe, l'exécution d'une statue en marbre destinée à orner la place principale de la capitale de la Pologne. Son appel fut entendu et par toute la Pologne et par l'illustre Thorwaldsen. Les offrandes arrivèrent de toutes les classes de la société de Varsovie et de toutes les contrées de l'ancienne Pologne. Staszye se signala par sa générosité. Les fonds furent réunis. Thorwaldsen se sentit appelé à réparer l'injustice de trois siècles, et à créer une .œuvre qui fût digne de témoigner de la reconnaissance de toute une nation. La statue de Copernic est au nombre de ses plus belles créations. L'astronome polonais est représenté assis, tenant dans sa main un planétaire et contemplant les cieux.

Le monument fut achevé dans les ateliers de Rome, et transporté avec soin à Varsovie. Staszye n'existait plus quand l'œuvre de Thorwaldsen toucha le sol de la Pologne. Julien Ursin Niemawiez, nommé à sa place président de la Société des Amis des Sciences, fut invité à présider à l'inauguration du monument. Le 5 mai 1829 fut désigné pour cette fête nationale. Des chœurs de chant, accompagnés d'un excellent orchestre, devaient faire entendre des hymnes en l'honneur du restaurateur de l'astronomie. La Société des Amis des Sciences devait se rendre en grande pompe de son palais à l'église Sainte-Croix, pour y entendre une messe commémorative, et de là au monument. Niemawiez avait été chargé de prononcer un discours, après lequel l'œuvre de Thorwaldsen devait être enfin découverte aux yeux de la population. Tel était le simple programme de cette fête. La Pologne était gouvernée alors par le czar ou plutôt par le grand-duc Constantin, frère aîné de l'empereur Nicolas. Des gens politiques trop zélés effrayèrent le prince en l'avertissant que cette fête n'était qu'un prétexte et l'insurrection le but réel. Novosilhzof, sénateur de l'empire russe, ennemi implacable du nom polonais, accourut auprès du prince et l'engagea à refuser son consentement. « La foule, dit-il, prendra part à cette manifestation. Qui est-ce qui préside à cette fête? Un homme généralement connu par son patriotisme, qui n'a qu'à prononcer un mot pour faire saisir par toute cette masse, venue pour honorer la mémoire d'un astronome, les armes au nom de l'indépendance et de la nationalité, etc. »

Le prince défiant fit appeler le président de la Société des Amis des Sciences, se fit montrer son discours, se fâcha, s'emporta, menaça, exigea des changements dans son allocution et enfin consentit à laisser célébrer l'inauguration, non toutefois sans prendre des mesures et sans le rendre personnellement responsable de ce qui pourrait advenir.

L'inauguration se fit par un ciel nuageux. La rue principale par laquelle devait passer la Société des Amis des Sciences, ainsi que la place désignée à l'emplacement du monument, était encombrée par la foule. Hommes, femmes, vieillards et enfants, riches et pauvres se pressaient avec une égale ardeur pour manifester leur joie, pour prendre part à la cérémonie qui était en même temps un hommage et une réparation, un tribut payé au génie et l'expression de la reconnaissance de la postérité. Toutes les fenêtres étaient ouvertes et garnies de guirlandes de fleurs. Varsovie tout entière, augmentée par la population des environs, était debout, témoin de cet acte solennel. La musique, les chants et les hymnes retentissaient. Bientôt le cortège de la Société se dirige vers l'église de Sainte-Croix, temple vaste et majestueux, qui élève ses tours gothiques au-dessus de la capitale. L'église est remplie de monde, mais l'autel est désert. L'heure se passe, et pas un prêtre ne paraît pour célébrer le service divin. On apprend alors que l'on refuse une cérémonie religieuse pour un homme dont l'œuvre a été condamnée par la congrégation de l'Index. La foule consternée dut abandonner l'église !

Mais il sembla que le ciel lui-même se fût chargé de réparer cet oubli du plus sacré des devoirs. A peine Niemawiez a-t-il terminé son discours, à peine a-t-on découvert la statue de Copernic, que le ciel couvert commence à s'éclaircir, et le premier rayon de soleil tombe sur le front de l'astronome polonais, qui revivait au centre de la Pologne par le ciseau de Thorwaldsen. La foule poussa des cris d'enthousiasme en y mêlant des larmes de joie. La présence des armées russes, le silence et la défiance du pouvoir, la surveillance soupçonneuse des agents du grand-duc, donnaient en même temps à ce jour mémorable une teinte mélancolique. Aujourd'hui tout homme qui s'incline devant le génie de Copernic, en passant par la capitale de la Pologne, s'arrête devant l'œuvre de Thorwaldsen et peut contempler ce monument qui rappelle tant de services et tant d'ingratitude. La pensée se reporte sur le long cortège de martyrs qui furent punis par cela même qu'ils s'étaient élevés au-dessus de leurs contemporains : Christophe Colomb mis aux fers, Galilée emprisonné, Képler mourant de faim, Copernic tourné en ridicule et auquel les prêtres de Sainte-Croix refusent une cérémonie au dix-neuvième siècle. On se rappelle que son observatoire est changé en cachot par les Prussiens, et que ses restes mortels dispersés n'ont pas encore d'asile.

Cet acte du clergé de Varsovie, accompli en plein dix-neuvième siècle, ne peut manquer, dit Arago, d'éveiller les plus pénibles sentiments dans tous les cœurs honnêtes. Il est des hommes qui semblent prendre à tâche de marcher toujours à la remorque de leur siècle et de se montrer les partisans des superstitions dont l'humanité a eu tant à souffrir. Hâtons de tous nos efforts la propagation des lumières ; c'est le seul moyen de diminuer le nombre des fanatiques, qui suivant l'expression du poète, sont

Au char de la raison attelés par derrière.

Le *quatre-centième* anniversaire de la naissance de l'immortel astronome a été fêté en 1873, à Thorn même, avec une grande solennité. L'élément chauvin et militaire du gouvernement prussien ne s'y est pas trop opposé, et les savants ont pu célébrer librement la gloire d'un héros du travail et de la pensée, qui n'a jamais tiré le glaive du fourreau, et n'a vécu que pour faire le bien et affranchir les consciences.

Ce quatrième centenaire de la naissance de Copernic a eu pour écho en Italie, à Padoue et à

Rome, une sorte de jubilé, suivi de l'inauguration d'un « musée Copernicien » à Rome même, et de la publication des autographes retrouvés. La gloire de Copernic appartient à l'humanité tout entière.

CHAPITRE X

LA SUCCESSION ET LES SUCCESSEURS DE COPERNIC

Tycho-Brahé, — Mœstlin, — Galilée, — Képler, — Newton. — Confirmation constante du système, et progrès de l'astronomie moderne.

Le vénérable rénovateur du système du monde, en quittant la Terre au moment où il venait de démontrer son mouvement, laissait après lui une glorieuse mais lourde tâche à soutenir. Tenue pour absurde depuis Ptolémée, la théorie du mouvement de la Terre ne pouvait être acceptée immédiatement, et le suffrage universel devait continuer de la déclarer ridicule et inadmissible. Les savants officiels mirent Copernic au nombre des illuminés. Quelques rares esprits, penseurs et libres, pouvaient seuls se donner le temps de l'étudier sérieusement, de la comprendre, et de s'en déclarer les partisans.

D'après ce que nous dit Copernic lui-même, les hommes qu'il compta de son vivant comme les premiers partisans de la nouvelle théorie furent : un cardinal de ses amis, Nicolas Schonberg, de Capoue ; un évêque de ses amis aussi : Tidemann Gisius, de Culm ; son disciple et collègue Joachim Rheticus ; le professeur Schoner, de Nuremberg ; le mathématicien Achille Gassarus, et le médecin Vogelinus. Il ne semble pas que d'autres hommes connus aient compris la grandeur et l'importance de sa découverte, et il mourut sans savoir si elle serait adoptée, remplacerait la théorie de Ptolémée, et porterait « le système de Copernic » jusqu'à notre dix-neuvième siècle, — époque lointaine à laquelle on supposait en général que la fin du monde serait arrivée, — et jusqu'à la postérité la plus reculée, car le nom de Copernic est désormais indestructible.

Le dernier concile œcuménique dans lequel l'Eglise ait établi des articles de foi fondamentaux, le fameux concile de Trente, s'ouvrit deux ans après la mort de Copernic et la publication de son livre, le 13 décembre 1545, et se termina dans l'ancienne opinion de l'immobilité de la Terre au centre du monde : l'humanité terrestre y est toujours considérée comme le centre et le but de la création universelle. Les croyances catholiques n'ont pas sensiblement changé depuis.

Tycho-Brahé, l'un des plus grands observateurs qui aient existé, et qui est aussi grand dans l'observation que Copernic l'est dans la théorie, naquit trois ans après la mort de Copernic, le 13 décembre 1546, et vécut jusqu'en 1601. Il reçut du roi Frédéric II l'île d'Huen, située dans le détroit du Sund, entre Elseneur et Copenhague, pour y installer un établissement purement astronomique et une colonie d'astronomes. Il y bâtit en effet la ville et le château-observatoire d'Uranibourg (cité d'Uranie). Ses observations et celles de ses trente collaborateurs furent la base sur laquelle Képler édifia les lois qui régissent le système du monde. Malheureusement pour la mémoire de Tycho-Brahé, il se laissa entraîner par des scrupules religieux à n'admettre le système de Copernic que corrigé. Il supposa comme Copernic, les planètes circulant autour du Soleil, mais il garda l'immobilité de la Terre, et fit tourner autour d'elle le Soleil accompagné de son système. Une telle combinaison était mécaniquement impossible.

On voit dans les travaux astronomiques de Tycho-Brahé qu'il avait trouvé le Soleil 140 fois plus gros que la Terre. Selon lui, le diamètre de la Lune était à celui de la Terre comme deux est à sept. C'est-à-dire que la Lune était 42 fois plus petite que notre globe. Dans cette seconde moitié du XVIe siècle, on croyait aussi que Mercure était 19 fois plus petit que la Terre, — Vénus, 6 fois plus petite, — Mars, 13 fois plus petit, — Jupiter, 14 fois plus grand, — et Saturne 22 fois plus grand (Tycho, *Progymnasmata*, I, p. 294). On voit qu'on était encore bien loin de la réalité. Tycho avait aussi calculé la distance de la sphère des étoiles fixes. Selon lui, la distance de Saturne aurait été de 12 300 demi-diamètres de la Terre, et la sphère des fixes aurait été un peu au delà : à la distance de 14 000 de ces demi-diamètres. Que l'on était loin encore de la conception des vraies grandeurs astronomiques ! Les étoiles étaient supposées à 21 millions de lieues seulement : c'est à peine la distance de la planète Mars ; tandis que l'étoile la plus rapprochée de nous est à cinq cent mille fois plus loin, et plane à dix mille millions de lieues d'ici.

Le système de Copernic, apprécié mais combattu par Tycho-Brahé, fut remarqué aussi par l'astronome Mœstlin, du Wurtemberg, né vers 1520, mort en 1590, et dont la plus grande gloire est d'avoir été le précepteur de Képler.

Michel Mœstlin était professeur de mathématiques à Tubingue. Il partageait les erreurs des anciens, et publia même un abrégé de l'astronomie, dans lequel il soutient l'immobilité de la Terre. Mais, au déclin de ses jours, après avoir examiné l'interprétation de Copernic, il en devint le plus chaleureux et le plus persévérant partisan. Il le manifestait hautement dans ses cours, dans ses conversations, dans ses correspondances. Son désir le plus ardent était celui de trouver un disciple qui eût pu continuer l'œuvre de Copernic. Ses vœux à cet égard furent exaucés. Il eut le bonheur d'attirer à la nouvelle théorie les deux hommes les plus éminents de leur époque, Képler et Galilée.

Képler, fatigué par les obstacles et les contradictions qu'il rencontrait à chaque pas dans l'étude de l'ancien système astronomique, saisit avec empressement l'exposition qui le frappait par sa simplicité, qui répondait à ses sentiments, et qui ouvrait un vaste champ aux investigations nouvelles. Galilée, entraîné par la chaleur avec laquelle Mœstlin défendait les hypothèses de Copernic, examina sa doctrine et embrassa la théorie qui fut cause de ses malheurs et de sa gloire. Ainsi, grâce aux efforts du vénérable Mœstlin, les deux plus grands génies de l'Allemagne et de l'Italie donnèrent un nouvel éclat aux travaux de l'astronome polonais.

Galilée, né le 19 février 1564, vingt et un ans après la mort de Copernic, fut le premier astronome qui se déclarât hautement en faveur du nouveau système. Il encourut la responsabilité de l'enseigner par écrit, alors que, comme professeur, il enseignait officiellement de vive voix l'ancien système. Très jeune encore, déjà passionné pour la divine science du Ciel, il lut le livre de Copernic et s'entretint avec quelques penseurs de la vraisemblance du nouveau système.

Déjà célèbre à vingt-cinq ans, professeur d'astronomie à Pise, puis à Padoue, il ne négligeait rien, au milieu de ses succès dans le monde, pour faire partager ses sympathies. Une lettre à Képler, datée du 6 août 1597, montre ses opinions très arrêtées. Après avoir reçu le *Prodrome*, dans lequel sont réunis les plus forts arguments qui aient été donnés en faveur de Copernic, il lui écrit : « Je lirai votre livre d'autant plus volontiers, que depuis longtemps déjà je suis partisan de Copernic. J'ai trouvé dans ses idées l'explication d'un grand nombre d'effets naturels qui autrement seraient inexplicables. J'ai écrit tout cela, mais je me garde de le publier ; le sort de Copernic m'effraye, je l'avoue : il était digne d'une gloire immortelle, *et on l'a mis au nombre des insensés*. Je serais plus hardi s'il y avait beaucoup d'hommes tels que vous ». Toujours pressé du désir de propager la vraie doctrine, Képler répondit : « Ayez confiance, Galilée ; peu de mathématiciens, j'en ai la certitude, refuseront de marcher avec nous. Si l'Italie met obstacle à vos publications, l'Allemagne peut-être, vous offrira plus de liberté, et si vous ne voulez rien publier, communiquez-moi au moins particulièrement ce que vous aurez trouvé de favorable à Copernic. »

C'est surtout pendant les années 1610 et 1611 que Galilée, confirmant par des observations nouvelles la théorie de Copernic, s'en fit en quelque sorte le représentant. En dirigeant sur la Lune les lunettes qui venaient d'être inventées, il découvrit et montra que cet astre voisin est une terre comme la nôtre, couverte de montagnes et de vallées. En les dirigeant sur le Soleil, il constata l'existence de taches à sa surface, et sa rotation de l'ouest à l'est. Cette rotation de l'astre du jour offrait un témoignage d'une haute présomption en faveur du mouvement de translation des planètes et de la Terre autour de lui, dans le même sens. En tournant la lunette vers Jupiter, l'illustre astronome découvrit que cette immense planète est accompagnée de quatre lunes ou satellites, le suivant dans son cours comme la lune accompagne la Terre : ce petit système représentait en miniature le système planétaire tout entier. Ainsi s'accumulaient comme par enchantement les témoignages favorables à Copernic. Le plus palpable et le plus significatif de tous fut de voir se réaliser dans le champ de la lunette la prédiction que Copernic avait faite soixante-dix ans auparavant à ses détracteurs. « S'il était vrai, lui avait-on dit, que le Soleil soit au centre du système planétaire, et que Mercure et Vénus circulent autour de lui dans une orbite intérieure à celle de la Terre, ces deux planètes devraient avoir des phases. Quand Vénus se trouve de ce côté-ci du Soleil, elle devrait être en croissant, comme la Lune se couchant le soir ; lorsqu'elle forme un angle droit avec le Soleil et nous, elle devrait se présenter sous l'aspect d'un premier quartier, etc. Or, c'est ce qu'on n'a jamais vu. » — « C'est pourtant la réalité, avait répondu Copernic, et c'est ce que les hommes verront un jour s'ils trouvent le moyen de perfectionner leur vue ». Aussi Galilée s'écrie-t-il dans son enthousiasme après avoir découvert les phases de Vénus :

« O Nicolas Copernic ! quel eût été ton bonheur, si tu avais pu jouir de ces nouvelles observations qui confirment si pleinement tes idées ! »

Jusqu'alors, la nouvelle doctrine n'avait été l'objet d'aucune persécution directe. Mais lorsqu'elle prit corps, devint une force et parut s'imposer d'elle-même pour se substituer aux principes enseignés depuis des siècles, les savants officiels se liguèrent d'un commun accord, les uns de bonne foi, les autres par intérêt ou jalousie, pour empêcher la nouveauté de triompher. Les théologiens décidèrent unanimement qu'elle était contraire aux Ecritures. La congrégation de l'Index établie pour le maintien de la foi catholique, fut chargée par le pape d'étudier la question au point de vue dogmatique. Le 5 mars 1616, l'autorité ecclésiastique publia un *décret* de la Sacrée Congrégation déclarant que la nouvelle théorie du mouvement de la Terre est contraire aux Ecritures, et que ceux qui la soutiendraient seraient considérés comme hérétiques, défendant de l'enseigner dans toute la chrétienté, soit dans des cours, soit par écrit, et interdisant l'ouvrage de Copernic jusqu'à ce qu'il soit corrigé.

Quatre années après, la même congrégation indiqua les changements qu'il fallait introduire au livre de Copernic. Les plus importants sont d'intercaler le mot d'*hypothèse* partout où l'auteur expose la théorie du mouvement de la Terre, et d'effacer le mot *astre* partout où il est appliqué à la Terre.

Chacun sait que Galilée fut condamné à la détention perpétuelle dans une villa voisine de Florence (Arcetri), pour n'avoir pas obéi aux défenses expresses de l'autorité ecclésiastique, et qu'il mourut en 1642, après avoir confirmé par d'indestructibles témoignages, les réalités de la théorie copernicienne.

Le résultat général des persécutions est d'illustrer leurs victimes et d'augmenter leur gloire et leur renommée. Ainsi Galilée représente actuellement pour la plupart des hommes le véritable fondateur de l'astronomie moderne : l'astronome polonais est éclipsé sous l'éclat de la renommée de l'astronome florentin. On s'imagine en général que c'est Galilée qui est l'auteur du système du monde, et l'on oublie Copernic, auquel toutefois la justice scientifique est restée puisque le système a gardé son nom. Galilée est incomparablement plus populaire, et je suis persuadé qu'un certain nombre de mes lecteurs partageaient cette erreur avant d'ouvrir ce petit livre. La poésie, la musique, le théâtre, tout s'est réuni pour chanter les louanges de celui qui souffrit pour enseigner la vérité annoncée un demi-siècle avant lui par Copernic. Képler qui confirma, comme Galilée, par des découvertes nouvelles, la réalité du système astronomique moderne, n'est connu que des astronomes et des savants; Newton est également resté dans les hauteurs de la science pure; et Galilée, grâce à ses malheurs, personnifie pour la société en général, le fondateur de la théorie du mouvement de la Terre.

Les sentences ecclésiastiques portées à plusieurs reprises pendant le XVIIe siècle contre la croyance au mouvement de la Terre ont été retirées par le pape Benoît XIV, et aujourd'hui l'Église catholique admet le véritable système du monde. Les corps enseignants, soumis à l'Église, directement et indirectement, jusqu'à la Révolution, se sont opposés pendant fort longtemps à ce que cette théorie fût enseignée comme véritable, et il n'y a pas cent ans qu'on l'enseigne partout librement. La Sorbonne s'est vue dans la condition singulière de permettre aux professeurs d'enseigner l'astronomie moderne fondée sur le mouvement de la Terre, comme une hypothèse *commode*, mais *fausse!*..... Descartes lui-même n'a-t-il pas eu la singulière fantaisie de dire que dans le système de Copernic la Terre est aussi immobile que dans celui de Ptolémée, attendu qu'elle est portée dans son mouvement par la matière cosmique des tourbillons et qu'elle est immobile dans cette matière comme une barque sur un fleuve (*). Le P. Boscowich, imprimant à Rome, en 1746, une dissertation sur les comètes, met en préface cette magnifique déclaration : « Plein de respect pour les Saintes Écritures et pour le décret de la sainte Inquisi-

(*) C'est dans le système des tourbillons que Descartes commet cette plaisanterie. Il avait écrit un grand ouvrage synthétique sur l'univers, et ce livre devait être définitivement livré à

tion, je regarde la Terre comme immobile..... Toutefois, pour la simplicité, je ferai comme si elle tournait !... » C'était l'acte d'un bon jésuite, d'autant plus que son calcul de l'orbite des comètes serait impossible à faire si la Terre ne tournait pas. Malgré tous les empêchements et tous les bizarres retards à l'adoption de la vérité, celle-ci devait finir par triompher, et dès l'aurore de l'astronomie moderne, tandis que Galilée démontrait physiquement la réalité des notions de Copernic, Képler les démontrait mathématiquement.

Képler, né en 1571, mort en 1630, se déclara dans le même temps que Galilée, en faveur de Copernic, et publia en Allemagne, avec plus de liberté que son émule en Italie, ses travaux profonds et ingénieux qui concouraient tous à affermir sur des bases inébranlables la théorie discutée du mouvement de la Terre et de l'immobilité relative du Soleil au centre des orbites planétaires. Cet homme admirable, ce profond génie, ce cœur courageux, quoique obligé de gagner sa vie, chercha constamment à résoudre les grands problèmes de la construction de l'univers, et poursuivit son but à travers les malheurs qui le

l'impression vers la fin de l'année 1633, lorsque le bruit de la condamnation de Galilée répandu par Gassendi et Bouillaud, quatre mois seulement après qu'elle eût été prononcée par l'inquisition romaine, fit tout rompre et priva la postérité de ce vaste ouvrage, composé avec tant de soins et de peine. Descartes renonça à publier son travail, de peur de compromettre le repos dont il jouissait dans sa solitude de Deventer, et aussi pour ne pas paraître manquer de respect à l'autorité du Saint-Siège, en soutenant de nouveau le mouvement planétaire du globe terrestre.

frappèrent. Élève de Mœstlin et de Tycho-Brahé, il s'adonna avec passion à l'étude géométrique des mouvements planétaires. Il choisit pour sujet d'études l'orbite de la planète Mars, et convaincu comme on l'avait été jusque-là, que les mouvements célestes devaient s'accomplir en cercle, il passa neuf années à chercher à tracer le cercle du cours de Mars (*), sans jamais pouvoir y parvenir. Les mondes ne se meuvent pas suivant des cercles, mais suivant des ellipses. Ce n'est qu'après dix-sept ans d'études qu'il trouva ses trois lois immortelles, dont les deux plus importantes complétaient magnifiquement l'œuvre de Copernic : 1° les planètes se meuvent suivant des ellipses dont le soleil occupe un des foyers ; 2° les carrés des temps des révolutions sont entre eux comme les cubes des distances (**).

Cette découverte dégageait enfin du système de Copernic les cercles excentriques et les épicycles qui l'encombraient encore et qui lui étaient restés comme héritage organique de l'an-

(*) Rheticus nous apprend que c'est également par Mars, en comparant ses diamètres apparents et les différences énormes entre ses distances à la Terre, que Copernic est arrivé aux plus fortes inductions en faveur du véritable système. Voilà une planète qui aura rendu un immense service à la science des habitants de la Terre. Il est vrai qu'à un autre point de vue *Mars* a exercé une influence assez désastreuse sur l'humanité, puisque la guerre détruit en moyenne 40 millions d'hommes chaque siècle. La planète moderne rachètera peut-être les torts de l'ancienne divinité du sang.

(**) Le 8 mars 1618, Képler en vint, après beaucoup de tentatives inutiles, à l'idée de comparer les carrés des temps pendant lesquels les planètes accomplissent leur révolution avec les cubes des distances moyennes; mais il se trompa dans les calculs et rejeta cette idée. Le 15 mai 1618, il revint à la charge et son

cien système. « La structure du monde planétaire apparut alors, dans sa réalité objective et dans sa noble simplicité, dit Humboldt, comme une œuvre d'une admirable architecture ». L'harmonie idéale que Képler avait devinée d'avance dans la construction de l'univers, il venait de la saisir et de la faire connaître à l'humanité.

Nous ne voyons pas le système planétaire de face, mais par sa tranche, non en *plan*, mais en *section*. La raison en est que notre point d'observation gît dans le plan général; que la notion que nous cherchons à nous former du système du monde n'est pas celle de sa section, mais de son plan. C'est comme si nous essayions de lire un livre, ou *de parcourir*, d'embrasser un pays sur la carte, en tenant l'œil de niveau avec le papier. Nous pouvons seulement juger directement de la distance des objets par leur grandeur, ou mieux, de leur changement de distance par leur changement de grandeur; nous ne pouvons même distinguer que d'une manière indirecte les positions relatives où ils se trouvent de celles où ils nous semblent placés. Or, les variations de grandeur apparente que présentent la Lune, le Soleil, sont trop peu considérables pour qu'il soit

calcul se trouva juste : « *la troisième loi de Képler était trouvée.* » Cette découverte et celles qui s'y rattachent tombent précisément dans l'époque déplorable où ce grand homme, exposé dès sa tendre enfance aux plus rudes atteintes du sort, travailla pendant six années à sauver de la torture et du bûcher sa mère septuagénaire, que l'on accusait d'empoisonnement et de sortilège. Les soupçons étaient fortifiés par ces circonstances que la malheureuse femme avait pour accusateur son propre fils, le potier Christophe Képler, et qu'elle avait été élevée chez une tante qui avait été brûlée à Weil comme sorcière.

possible de les mesurer sans faire usage du télescope, et les planètes n'offrent aucun disque à l'œil nu.

Le système de Copernic une fois admis, cette difficulté disparaît : ce n'est plus qu'un simple problème de géométrie et de calcul, qui consiste à déterminer, d'après les positions observées d'une planète, son orbite réelle autour du Soleil, ainsi que les autres circonstances que présente son mouvement. C'est ainsi que Képler procéda pour l'orbite de Mars, qu'il reconnut être une ellipse dont le Soleil occupe un des foyers. Il essaya d'étendre cette loi à toutes les planètes, et reconnut qu'elle s'applique également à toutes. Ce résultat et d'autres non moins remarquables, qui sont désignés dans les ouvrages sous le nom de lois de Képler, constituent le plus beau, le plus important système des rapports géométriques qui ait jamais été découvert à l'aide de l'induction, et sans le secours d'aucun aperçu théorique. Ces lois comprennent les mouvements de toutes les planètes et nous mettent à même d'assigner leur lieu dans leurs orbites à une époque quelconque, passée ou future, sans tenir compte de leurs mutuelles perturbations, pourvu qu'on sache résoudre certains problèmes qui sont purement géométriques.

Ce ne fut cependant que longtemps après Képler qu'on reconnut l'importance réelle des lois qu'il avait découvertes. Envisagées en elles-mêmes, elles offraient, il est vrai, un bel exemple de l'harmonie, de la régularité avec lesquelles sont disposées toutes les parties du grand œuvre de la création, ainsi qu'un contraste étrange avec l'échafaudage de cycles et d'épicycles qui les avaient précédées. Mais là semblait se borner l'avantage. On reprocha même à Képler, et non sans une sorte de raison, d'avoir rendu plus difficile le calcul de la position des planètes, attendu que les ressources de la géométrie étaient insuffisantes alors pour résoudre les problèmes qu'amenait la stricte application de ses lois.

La connaissance des satellites de Jupiter et des phases de Vénus eut la plus grande influence sur l'établissement et la propagation du système de Copernic. Le petit *Monde de Jupiter* (*Mundus Jovialis*), offrait à l'intelligence une image complète du grand système planétaire. La découverte des satellites de Jupiter marque, dans l'histoire et les vicissitudes de l'astronomie, une époque à jamais mémorable. Les éclipses des satellites, leur immersion dans l'ombre de Jupiter ont conduit à mesurer la vitesse de la lumière (1675), et par suite à expliquer l'ellipse d'aberration des étoiles fixes (1727), par laquelle se reflète, pour ainsi dire, dans la position apparente des étoiles le mouvement annuel de la Terre autour du Soleil. Ces découvertes de Rœmer et de Bradley ont été nommées avec raison la clef de voûte du système de Copernic, la démonstration matérielle du mouvement de translation qui emporte la Terre.

La révolution scientifique dont Copernic est l'auteur, a eu cette rare fortune que, si l'on excepte la courte suspension produite par l'hypothèse rétrograde de Tycho-Brahé, elle a tendu constamment au but, c'est-à-dire vers la découverte de la véritable structure du monde. Le riche fond d'observations précises de celui-ci même a servi à faire découvrir les lois du système planétaire, qui ont répandu plus tard sur le nom de Képler un éclat impérissable, et qui, interprétées par Newton, démontrées par lui théoriquement, ont été transportées dans la sphère lumineuse de la pensée, et ont fondé la connaissance rationnelle de la nature. On a dit ingénieusement, « Képler a écrit un *Code* et Newton, l'*Esprit des lois.* »

Copernic, Képler, Galilée en avaient appelé aux faits. Leurs découvertes firent justice des erreurs de la philosophie d'Aristote. Mais il restait à démontrer comment et en quoi elle s'était méprise, à faire connaître la faiblesse de son système et à lui substituer un corps de doctrines qui fût mieux entendu. Cette tâche fut remplie dans le même temps par François Bacon de Verulam (1561-1626) qui sera justement considéré par les siècles à venir comme le réformateur de la philosophie, quoiqu'il ait peu ajouté à la masse des vérités physiques, et que ses idées ne soient pas toujours exemptes d'erreurs, erreurs qu'il faut plutôt attribuer à l'ignorance de son siècle qu'à une étroitesse de vues qu'il n'avait pas. On a essayé d'atténuer les services qu'il a rendus en prouvant que sa méthode est une chose d'instinct, qu'elle a été employée en diverses occasions par les anciens et les modernes. Mais ce n'est pas d'avoir introduit le raisonnement d'induction comme procédé nouveau, comme procédé inusité, qui fait le mérite de la philosophie de Bacon. Ce qui la recommande et la caractérise, c'est sa perspicacité, son enthousiasme, la confiance avec laquelle elle s'annonce comme l'alpha et l'oméga de la science, comme la grande et unique chaîne qui lie les vérités physiques.

La science reçut alors une immense impulsion. On eût dit que le génie de l'homme, longtemps contenu, échappait à ses entraves ; qu'il s'élançait enfin dans l'univers ; qu'il commençait à défricher un sol vierge, à mettre à nu les trésors enfouis dans son sein. On reconnut généralement la pauvreté et l'insuffisance de la science en matière de *faits*. Chacun se mit en recherche, et bientôt s'ouvrit une ère nouvelle pleine d'enthousiasmes et de merveilles, à laquelle on ne trouve rien de comparable dans les annales du genre humain. La nature semblait elle-même seconder l'impulsion. Tandis qu'elle fournissait des moyens nouveaux, extraordinaires, aux sens qui devaient l'explorer, tandis que le télescope et le microscope ouvraient l'infini de toutes parts, elle déploya comme pour fixer l'attention sur ses merveilles et signaler cette époque, le plus éclatant, le plus mystérieux des phénomènes astronomiques : l'apparition et l'extinction totale d'une étoile fixe, que Galilée put observer en deux circonstances.

Les successeurs immédiats de Bacon et de Galilée bouleversèrent toute la nature par des faits nouveaux et surprenants, auxquels se mêla un peu de cet amour du merveilleux, qui doit être considéré comme un reste du siècle de la magie et de l'alchimie, mais qui, bien réglé, est l'aiguillon le plus puissant et le plus utile pour exciter aux recherches expérimentales. Boyle, surtout, parut animé d'une ardeur qui le poussa d'expérience en expérience, sans lui laisser un instant de repos. Hooke, de son côté, Hooke, le contemporain et presque le rival de Newton, embrassa une série de recherches encore plus étendue. Les faits se multipliant de plus en plus, les lois commençaient à surgir, et les généralisations à se développer. La marche des découvertes fut si rapide, le triomphe de la philosophie inductive si éclatant, qu'il suffit d'une génération et des travaux d'un seul homme pour établir le système du monde sur une base inébranlable.

A travers ses vagues, ses bizarres spéculations sur les causes des mouvements dont il avait si bien et si laborieusement déduit les lois, Képler avait entrevu que celle de l'inertie de la matière s'applique aux grandes masses que renferme le Ciel, comme à celles qui couvrent la Terre. Galilée, de son côté, avait, par sa puissante argumentation, par le ridicule dont il les couvrait, donné le coup de grâce aux dogmes d'Aristote qui avaient élevé une barrière entre les lois du mouvement céleste et celles du mouvement terrestre. Il avait aussi contribué, par ses recherches sur celles qui régissent la chute des corps, la marche des projectiles, à jeter les bases d'un véritable système de dynamique, à l'aide duquel on peut déterminer les mouvements d'après les forces qui les causent, et les forces d'après les mouvements qu'elles produisent. Hooke alla plus loin encore. Il établit si nettement le mode dont les planètes sont retenues dans leur orbite par l'attraction du Soleil, qu'on ne peut douter que si l'habileté du mathématicien eût égalé la sagacité du philosophe, et que ses travaux eussent été moins variés, moins divers, il ne fût arrivé à la loi de la gravitation.

Mais tout ce qui avait été fait dans ce genre avant Newton, ne peut être envisagé, pour ainsi dire, que comme des tentatives qui avaient pour but de lever les premières difficultés, comme des travaux préparatoires qui étaient destinés à mettre ce grand homme en état de développer toute la puissance de son génie. Aussi profond mathématicien que physicien habile, il sut trouver des méthodes nouvelles, des méthodes inconnues, pour étudier les effets des causes que sa pénétration était parvenue à saisir. Remontant, par une suite d'inductions serrées, compactes, aux premiers axiomes de la dynamique, il réussit à en déduire une explication complète de tous les grands phénomènes astronomiques, à rendre compte de plusieurs de ceux même qui ont moins d'importance et sont plus obscurs. Les mathématiques n'étaient pas assez avancées, à cette époque, pour lever les difficultés que présentait ce vaste problème. Tout était à créer pour le résoudre. Mais, loin de le rebuter, cette circonstance ne fit que redoubler son courage, et lui fournit l'occasion de développer les ressources de son génie. Les moyens employés ne pouvaient mener au but. Il en sut trouver en lui-même : il inventa la méthode des fluxions, connue aujourd'hui sous le nom de calcul différentiel, et fournit ainsi des moyens de recherches qui sont à ceux dont on faisait précédemment usage ce que la machine est aux moteurs animés qu'elle a remplacés.

L'œuvre capitale de Newton est d'avoir démontré que la cause de la suspension de la Terre et de tous les astres dans l'espace est une force déterminée, calculable, dont l'intensité décroît en raison inverse du carré de la distance, et en vertu de laquelle les corps célestes s'attirent mutuellement, se meuvent, et se soutiennent sur l'équilibre d'un invisible réseau. La Lune n'est autre qu'un boulet de canon, lancé horizontalement à 96 000 lieues de hauteur, et qui, par sa propre pesanteur vers la Terre, décrit une ligne courbe au lieu d'une ligne horizontale, et tombe de 1 millimètre $\frac{2}{3}$ par seconde, tout en parcourant un kilomètre dans le même temps. Une pierre élevée à cette hauteur, et abandonnée à son propre poids, tomberait, dans la première seconde de chute, précisément de cette même quantité de 1 millimètre $\frac{2}{3}$. Tous les calculs s'accordèrent pour démontrer l'identité de la force qui soutient les astres avec la pesanteur. Ainsi la science connut l'existence et la manière d'être de l'*attraction universelle*, de la gravitation, force vraiment universelle, puisqu'elle agit depuis les plus infimes mouvements qui s'accomplissent à la surface du sol jusqu'aux plus lointaines régions accessibles au télescope, soutenant nos pas, nos demeures, nos édifices, régissant la goutte de pluie comme le grain de poussière emporté par le vent, — portant l'aérostat au-dessus des mers, — dirigeant la Lune dans son cours mensuel autour de la Terre, et la Terre dans son cours annuel autour du Soleil, — gouvernant la translation des planètes et des comètes les plus lointaines, — et organisant les mouvements des étoiles doubles au fond de l'infini.

Copernic, qui avait annoncé les phases de Vénus, avait pour ainsi dire, deviné l'attraction, comme nous l'avons remarqué déjà, et comme le témoigne textuellement le passage suivant de son livre :

« La pesanteur, dit-il, est une tendance que l'Auteur de la nature a imprimée à toutes les parties de la matière pour s'unir et se former en masse. Cette propriété n'est point particulière à la Terre; elle appartient également au Soleil, à la Lune et à toutes les planètes. C'est par elle que les molécules de la matière qui composent ces corps se sont réunies et arrondies en globes, et conservent leur forme sphérique. Toutes les substances placées à la surface des corps célestes, pèsent également vers les centres de ces corps, sans que cela empêche ces globes de circuler dans leurs orbites. Pourquoi cette constance mettrait-elle obstacle au mouvement de la Terre? Ou, si l'on suppose que le centre de gravité doit être nécessairement celui de tous les mouvements, pourquoi encore placerait-on ce centre dans la Terre, tandis que le Soleil et toutes les planètes ont aussi leurs centres de gravité, et que le Soleil, à raison de sa masse infiniment prépondérante, mériterait plutôt cette préférence? Ce choix est d'autant plus raisonnable, qu'on en déduit d'une manière simple tous les phénomènes et les apparences dans les mouvements des étoiles et des planètes. »

On voit, par ce raisonnement serré et méthodique, que Copernic fut le premier à avancer que la pesanteur est une propriété générale de la matière, et l'affecte dans toutes ses parties; qu'elle s'étend au Soleil et à toutes les planètes; que c'est par l'action de cette force que les parties de la matière qui composent les corps célestes se sont réunies et façonnées en globe, et se maintiennent sous cette forme.

Dans cette pensée vaste et entièrement neuve,

il ne restait qu'un pas à faire, qui valut l'immortalité à Newton.

La connaissance du système du monde, progressant avec le développement des sciences et entraînant avec elle des preuves variées, et indépendantes les unes des autres, de la réalité du mouvement de la Terre, se continua par les efforts successifs des astronomes. En 1759, on reconnut que les comètes sont des astres légers, souvent capturés par notre système planétaire, et se mouvant le long d'ellipses extrêmement étendues, qui les ramènent périodiquement dans les régions où flotte la Terre; bien des comètes n'ont pas, il est vrai, dévoilé leur route, et n'ont paru passer dans ces régions que pour les traverser comme des voyageuses étrangères; mais la connaissance des orbites cométaires n'en a pas moins porté l'étendue de l'empire du Soleil bien au delà de l'ancienne limite marquée par Saturne, puisque cette planète gravite à 364 millions de lieues du Soleil, et que la fameuse comète de 1680 s'en éloigne jusqu'à 32 milliards de lieues.

La découverte de la planète Uranus, en 1785, par Herschel, et celle de la planète Neptune qui porta, en 1846, la limite des orbites planétaires de 732 à 1 147 millions de lieues, complétèrent les notions générales sur le système solaire. Mais de toutes les découvertes, celle dont l'influence a été la plus importante sur notre conception de l'univers, est sans contredit celle de la distance des étoiles.

En décrivant autour du Soleil une orbite annuelle de 74 millions de lieues de diamètre, la Terre nous emporte le long d'un chemin sur lequel nous voyons les perspectives célestes changer. Comme les arbres d'un paysage rapproché se déplacent devant l'horizon pour l'observateur qui chemine sur la route, ainsi les étoiles les plus rapprochées de nous subissent un petit déplacement apparent relativement aux plus éloignées qui restent fixes. Mais cette variation annuelle est si faible que malgré les efforts successifs de Tycho-Brahé, Galilée, Wallis, Hooke, Flamsteed, Grégory, Huygens, Cassini, Roëmer, Horrebow, Halley, Bradley, Robert Long, Herschel, Piazzi, Bradley, Pond, Struve et Bessel, ce n'est qu'après les travaux de ce dernier astronome, de 1835 à 1840, que l'on commença à déterminer la petite fraction de seconde d'arc dont l'étoile se déplace par suite du mouvement de translation de la Terre.

Ainsi ce n'est qu'au milieu du XIXe siècle que l'on a pu mesurer les distances célestes, et que l'esprit humain a vraiment pris possession de l'univers. La première étoile dont la distance ait été ainsi déterminée, appartient à la constellation du Cygne (n° 61), et est peu brillante. Elle est éloignée de 420 000 fois la distance d'ici au Soleil, c'est-à-dire qu'elle plane à 15 475 milliards de lieues d'ici. C'est l'une des plus rapprochées de nous : on n'en connaît qu'une de plus proche, α du Centaure, qui est à dix milliards de lieues. L'étoile polaire, dont la variation annuelle a pu être également mesurée, est à 71 950 milliards de lieues. Nous connaissons aujourd'hui les distances d'une vingtaine d'étoiles : ce sont les plus rapprochées de nous. On voit que c'est par trillions de lieues que ces distances se chiffrent.

Les étoiles sont des soleils brillants de leur propre lumière, et comme le nôtre, éclairant sans doute des familles planétaires, soutenant leurs systèmes de mondes par leur attraction, et entretenant la vie inconnue qui se développe à la surface de ces terres lointaines.

A mesure que l'observation et le calcul, la pratique et la théorie ont avancé dans l'étude de l'univers, le système de Copernic s'est confirmé par des preuves et des témoignages sans cesse renouvelés. Aucun fait n'est jamais venu l'infirmer ou l'embarrasser, ce qui arrivait au contraire au système des apparences chaque fois que les observations devenaient plus précises. La physique, la mécanique, la chimie, les mathématiques, dans les concours de diverses sortes qu'elles ont apportés à l'Astronomie, n'ont fait que rehausser l'éclat de la théorie proclamée par Copernic et Galilée. Aujourd'hui, l'Astronomie est la science la mieux fondée, la plus inébranlable et la plus respectée; elle est aussi la plus admirable entre toutes. Sa grandeur, elle la doit aux génies, scrutateurs de la nature, dont la gloire pure et sans tache gardera toujours son auréole; elle la doit surtout à l'illustre prêtre de Frauenbourg, dont la vie fut entièrement vouée à l'étude de la création, et qui mourut en laissant à la Terre l'œuvre la plus sublime qui soit sortie du cerveau de l'humanité : la connaissance du système du monde.

APPENDICE

TRADUCTION RÉSUMÉE DES PASSAGES FONDAMENTAUX

DE

L'OUVRAGE DE COPERNIC

Après nous être mis en relation avec le grand astronome et avec son œuvre, il est intéressant et instructif pour nous de prendre en mains son livre lui-même et de le parcourir attentivement, pour nous rendre compte des points fondamentaux de sa méthode et de sa démonstration.

Nous avons vu que cet immortel ouvrage, qui, en changeant la face de l'astronomie fit faire à l'esprit humain un progrès immense, parut pour la première fois en 1543, à Nuremberg, sous ce titre : *Nicolai Copernici Torinensis, de Revolutionibus orbium cœlestium, libri VI*.

Sur la page même du titre, l'imprimeur ou l'éditeur avait ajouté cette sorte d'annonce :

« Tu as dans cet ouvrage nouveau, studieux lecteur, les mouvements des étoiles, tant fixes qu'errantes, rétablis d'après les observations tant anciennes que récentes et, en outre, expliquées par de nouvelles hypothèses extrêmement curieuses. Tu y trouveras aussi des tables très expéditives au moyen desquelles tu pourras calculer très facilement, pour telle époque que tu voudras, ces mêmes mouvements. Donc, achète, lis, instruis-toi. »

L'ouvrage commence par le malencontreux avertissement, ou préambule d'Osiandre, dont nous avons parlé, lequel, placé là sans signature, a donné lieu à de si lourdes méprises. Osiandre s'était proposé d'obtenir pour l'ouvrage l'indulgence des lecteurs, sans songer qu'en s'y prenant de cette manière, il s'exposait à ternir le beau caractère de Copernic, ce qui était loin de sa pensée.

Après le préambule d'Osiandre, vient la lettre de Schomberg, cardinal de Capoue, lettre que nous avons précédemment reproduite, et par laquelle le cardinal, en donnant à Copernic les plus grands éloges, le pressait vivement de publier son œuvre, dans l'intérêt de la science. Osiandre, qui comptait beaucoup sur le bon effet que produirait infailliblement l'opinion d'un prince de l'Église, avait dû obtenir du cardinal l'autorisation de publier sa lettre.

Vient ensuite l'épître que Copernic adresse au pape :

« Ad sanctissimum Dominum Paulum III pontificem maximum, Nicolai Copernici præfatio. » Cette épître qui occupe cinq pages, était certainement la seule préface que Copernic se fût proposé lui-même de placer en tête de son ouvrage. S'il en eût voulu une autre, il l'eût demandée à son cher Rheticus, et l'on ne peut douter que celui-ci ne se fût empressé d'accomplir une volonté qui eût été sacrée pour lui.

Nous avons reproduit plus haut cette présentation, cette dédicace si remarquable de l'astronome polonais au chef de la chrétienté. L'ouvrage proprement dit commence seulement après ces trois documents. Parcourons-le rapidement pour notre édification scientifique, et arrêtons-nous aux passages fondamentaux.

Les premières propositions qui se présentent au début du Livre premier sont celles-ci :

« La Terre est sphérique, parce que, ainsi que le disaient les anciens, la sphère est de toutes les figures la plus parfaite. C'est d'ailleurs celle qui sous la même étendue en superficie circonscrit, en tous sens, le plus grand espace. Le Soleil et la Lune sont de forme sphérique. C'est la forme qu'affectent naturellement les corps, comme on le voit par les gouttes d'eau. Ainsi, sans nul doute, tous les corps célestes sont de forme sphérique.

(Dans l'édition de 1617, annotée par Muller, je reremarque après ce premier petit chapitre sur la perfection de la sphère une note qui le confirme par d'autres considérations et se termine par cette figure, que l'on attribue ordinairement à Pascal, et qui lui est par conséquent bien antérieure : « Si l'on voulait définir Dieu, on pourrait dire que Dieu est une sphère dont le centre est partout et la circonférence nulle part. »)

Le chapitre II a pour objet de démontrer que la Terre est sphérique, comme l'univers.

Les raisons par lesquelles se prouvait alors cette

sphéricité, sont à peu près les mêmes que celles qu'avait données Ptolémée. Un objet visible au loin, placé au sommet du grand mât d'un navire, et vu du rivage, parait descendre à mesure que le vaisseau s'éloigne; il disparaît le dernier, après toutes les autres parties du vaisseau. — Les eaux tendent à s'écouler vers les lieux les plus bas. — La sphéricité de la Terre est encore prouvée par les éclipses de lune, où l'on voit ronde l'ombre de la Terre.

Le chapitre III établit que la terre et les eaux forment un seul et même globe. Les mers pèsent par leur poids sur le fond de leurs lits et continuent la sphéricité de la planète. Ainsi, dit l'auteur, « la Terre n'est pas plate, comme Empédocle et Anaximène le pensaient, ni en forme de tambour comme le croyait Leucippe, ni en forme de barque comme le disait Héraclite, ni creuse comme le supposait Démocrite, ni cylindrique comme l'enseignait Anaximandre, ni portée sur des racines infinies, comme le pensait Xénophane; mais elle est d'une sphéricité absolue, comme les philosophes le sentent. »

Le chapitre IV examine si le mouvement des corps célestes est uniquement et perpétuellement circulaire, ou bien composé de mouvements circulaires. Il arrive de là à l'état de notre globe.

« La Terre a-t-elle un mouvement circulaire? Quel est le lieu de la Terre? La Terre est un globe, de cette forme résulte-t-il un mouvement? Quelle est la position de la Terre dans l'univers? Voilà ce qu'il faut éclaircir, si l'on veut se rendre raison des mouvements. — Presque tous les auteurs s'accordent à supposer la Terre immobile; l'opinion contraire leur paraît même ridicule. Cependant si l'on examine attentivement la question, on verra qu'elle n'est rien moins que résolue. Tout changement observé vient ou du mouvement de l'objet ou de celui de l'observateur, ou du mouvement relatif de l'un à l'autre; car, si les deux mouvements étaient égaux, on n'aurait aucun moyen de les apercevoir. C'est de dessus la Terre que nous observons le Ciel; si la Terre a un mouvement, le Ciel nous paraîtra se mouvoir en un sens contraire. Tout le ciel paraît transporté d'orient en occident en 24 heures; laissez le ciel en repos, et donnez ce mouvement à la Terre, mais d'occident en orient, vous aurez toutes les mêmes apparences. » (Chap. v.)

Le raisonnement est de la plus grande justesse; il avait déjà été fait par les anciens qui les premiers ont attribué ce mouvement à la Terre; on en voit le germe dans Euclide. Le Ciel est le contenant, la Terre le contenu; on ne voit pas pourquoi on attribuerait ce mouvement au premier plutôt qu'à l'autre. Copernic considère ensuite l'immensité du Ciel comparé à la Terre. « Les horizons de la Terre, dit-il, partagent le ciel en deux parties égales, donc le volume de la Terre est un point, et ce point n'est pas sensiblement éloigné du centre. Si vous observez le Cancer à l'Orient vous verrez le Capricorne à l'Occident. Les deux rayons sont une même droite, cette droite est le diamètre de l'écliptique. »

Si la sphère céleste est immense, comment concevoir qu'elle tourne en 24 heures? N'est-il pas plus naturel d'attribuer ce mouvement à la Terre et à la Terre seule; car, si elle tournait avec le Ciel d'un mouvement commun, nous ne verrions aucun changement dans le spectacle du Ciel; les étoiles et le soleil seraient toujours, pour un même observateur, à la même distance angulaire du méridien. Il est donc naturel de penser que la Terre tourne autour de son axe, et que la sphère céleste est immobile.

L'astronome théoricien et historien arrive ensuite aux raisons qui ont pu faire croire aux anciens que la Terre était immobile au centre du monde. La Terre est très grave c'est-à-dire très pesante, elle est le centre des graves qui se dirigent vers son centre. La Terre étant sphérique, toutes les normales se dirigent vers ce centre. Le centre de la Terre est celui des graves ; ce centre doit être immobile. Ici il rapporte les raisonnements d'Aristote et de Ptolémée, pour les réfuter dans le chapitre suivant.

Les anciens ont objecté au mouvement de la Terre, comme nous l'avons vu précédemment, que ce mouvement devrait lancer dans l'espace les objets non soudés au sol, les eaux, les pierres, les animaux, les hommes, à cause de la rapidité. Mais, réplique l'astronome, si la sphère des étoiles tournait en 24 heures, cette dispersion ne serait-elle pas plus à craindre, le mouvement étant infiniment plus considérable? Ce mouvement si rapide serait-il nécessaire pour empêcher les étoiles de tomber sur la Terre? En ce cas, le Ciel n'aurait pas de bornes ; plus le rayon augmenterait, plus le mouvement serait rapide; le rayon et le mouvement croîtraient ensemble et à l'infini. Or, ce qui est infini ne peut ni passer, ni se mouvoir; donc le Ciel sera immobile.

Copernic paie ici Aristote en sa propre monnaie ; mais ensuite il abandonne aux disputes des métaphysiciens la question du monde fini ou infini. « Ce qui est incontestable, c'est la sphéricité de la Terre; or, le mouvement convient à cette forme, pourquoi hésiterions-nous à l'admettre sans nous inquiéter de ce que nous ne pouvons savoir? Admettons donc la révolution diurne de la Terre. » Il cite à l'appui de son assertion le vers *Provehimur portu? terræque urbesque recedunt.* Ceux qui sont sur un vaisseau attribuent leurs mouvements aux objets extérieurs; c'est ce qui nous arrive : quand la Terre tourne, tout le ciel nous paraît tourner. Les nuages et tout ce qui est porté dans l'air, participe au mouvement de la Terre; ce mouvement est commun à toute l'atmosphère, ou du moins, ajoutait Copernic, à la partie la plus voisine qui, par l'effet du contact, doit être entraînée sans que rien s'y oppose. Quant à la partie supérieure, elle pourrait être destituée de mouvement. Copernic aurait pu ajouter que l'atmosphère entière participe aux mouvements de la Terre. J'ai calculé récemment que ce n'est qu'à 10 000 lieues de hauteur que la force centrifuge développée par la rotation du globe serait égale à la pesanteur et ne laisserait plus adhérentes à la planète les molécules d'air qui pourraient y exister. Mais l'atmosphère, même dans ses zones supérieures les plus légères, ne s'étend pas à plus de quelques centaines de lieues de hauteur; et celle qui nous fait respirer ne s'étend pas à plus de 50 kilomètres.

Après quelques développements métaphysiques, l'auteur conclut que le mouvement de la Terre est plus probable que son repos.

« S'il existe plusieurs centres, on peut douter que le centre du monde soit celui de la Terre et de la gravité terrestre. La gravité n'est qu'une tendance naturelle donnée par le Créateur à toutes les parties, qui les porte à se réunir et à former des globes. Il est croyable que c'est cette force qui a donné au Soleil, à la Lune et aux autres planètes une forme sphérique, ce qui ne les empêche pas d'accomplir leurs révolutions diverses. Si donc la Terre a un mouvement autour d'un centre, ce mouvement sera semblable à celui que nous apercevons dans d'autres corps ; nous aurons un circuit annuel. Le mouvement du Soleil sera remplacé par le mouvement de la Terre. Le Soleil étant devenu immobile, les levers et les couchers des astres, toutes les circonstances observées, auront lieu de même ; les stations et les rétrogradations tiendront au mouvement de la Terre, le Soleil sera au centre du monde; c'est ce qu'exige l'ordre selon lequel tout se succède, c'est ce que nous enseigne l'harmonie du monde, c'est ce qu'on sera forcé d'admettre, si l'on y veut accorder une attention sérieuse. »

Cette exposition nous montre que Copernic est le premier qui ait médité sérieusement sur ce point fondamental du système du monde, ou que si d'autres ont commencé, nul n'a pu réussir à exposer ses motifs d'une manière un peu plausible ; car, s'ils l'eussent fait, il serait étonnant qu'il n'en fût demeuré aucun vestige. Archimède nous dit qu'Aristarque a écrit contre les astrologues, pour leur prouver que la Terre se meut ; mais Archimède ne paraît pas bien convaincu de la valeur de ce système.

Nous arrivons ensuite au chapitre x, intitulé « *de l'ordre des orbes célestes* ». Personne ne révoque en doute, dit l'astronome, que le Ciel des étoiles ne soit le plus élevé. Les anciens philosophes ont rangé les planètes d'après la longueur de leurs révolutions, par la raison que le mouvement étant le même pour toutes, les objets éloignés doivent paraître se mouvoir plus lentement. Ils ont cru que la Lune était la plus voisine de toutes les planètes, parce qu'elle fait sa révolution en moins de temps qu'aucune autre; que Saturne devait être plus éloignée que toutes les autres puisqu'elle emploie plus de temps à parcourir une orbite plus grande. Au-dessous, ils ont placé Jupiter et ensuite Mars. Les sentiments ont été partagés sur Vénus et Mercure. Les uns, comme le Timée de Platon, les placent au-dessus du Soleil, les autres, comme Ptolémée, croient qu'elles sont au-dessous. Alpétrage place Vénus au-dessus et Mercure au-dessous. Les platoniciens ont pensé que les planètes, qui ne s'éloignent pas beaucoup du Soleil, devraient avoir des phases comme la Lune, si elles étaient au-dessous du Soleil. Elles devraient produire des éclipses; or, c'est ce qu'on n'a jamais observé; donc, disaient-ils, ces planètes sont supérieures au Soleil.

Ceux qui placent Vénus et Mercure au-dessous, se fondent sur l'intervalle qu'il y aurait entre le Soleil et la Lune. La plus grande distance de la Lune à la Terre est de $64 \frac{1}{6}$ diamètres de la Terre ; ils en trouvent 1160 dans la plus petite distance du Soleil ; il y en aurait donc 1096 de la Lune au Soleil : dans cet intervalle, ils ont cru devoir placer Vénus et Mercure. Ils ont donné 117 de ces parties à l'orbe de Mercure et 910 à celle de Vénus, en sorte qu'aucun de ces orbes ne s'entrecoupe. De plus ils donnent à ces deux planètes une lumière propre, ou bien ils supposent que pénétrées de la lumière solaire, elles sont brillantes en toute position; d'ailleurs les éclipses solaires qu'elles pourraient produire seraient très rares à cause de leurs latitudes. Vénus et surtout Mercure ont un diamètre si petit, qu'elles ne pourraient jamais cacher plus d'un centième du disque solaire, comme le veut Albategni, qui estime que le diamètre de Vénus n'est qu'un dixième de celui du Soleil (il n'en est guère qu'un trentième.) Ces planètes ne formeraient donc que des taches imperceptibles. Averroès, dans son *Commentaire sur l'Almageste*, dit qu'il a vu des points noirs sur le Soleil au temps des conjonctions de ces planètes ; voilà pourquoi on a mis ces planètes au-dessous.

Dans ce chapitre fort curieux, il y a une difficulté que je ne parviens pas à résoudre, contre laquelle Bailly s'est élevé, et que Delambre a passée sous silence. Copernic y laisse croire que les étoiles peuvent être éclairées par le Soleil, et non briller d'une lumière propre. Il nous semble étrange, aujourd'hui que nous connaissons l'immensité de la distance des étoiles, d'entendre supposer qu'elles puissent réfléchir la lumière du Soleil, qui n'est qu'une petite étoile, invisible pour la plupart d'entre elles. Mais, en nous reportant au XVIe siècle nous pouvons concevoir que le génie du grand astronome n'ait pu s'élever d'un seul bond jusque-là, et, tout en calculant déjà leur immense éloignement, puisqu'il dit que le diamètre de l'orbite terrestre n'est rien à côté, qu'il ait gardé l'idée de la possibilité de leur éclairement par les rayons solaires. Dans une note ajoutée à ce chapitre, Muller remarque que Képler ne croit pas à cette illumination : « Vir insignis Joannes Keplerus, philosophus et mathematicus e paucis, hypotheseon de motu terræ assertor acerrimus, stellas fixas a sole nostro illuminari posse negat, epistola ad Galileum ». Peut-être le mot stellas employé par Copernic dans ce chapitre s'applique-t-il seulement aux planètes ; mais cela n'est pas probable, et en d'autres endroits du reste il considère vraiment le Soleil comme le roi du monde entier, brillant au centre de la sphère des fixes.

Pour expliquer les digressions de Vénus et de Mercure, remarque encore Copernic dans ce chapitre, il faut supposer que la Terre n'est pas le centre des orbes. Il en est de même pour prouver que Saturne est plus éloigné que Jupiter ? En conséquence, la meilleure opinion est celle de Martianus Capella et de quelques auteurs latins, qui enseignèrent que Vénus et Mercure tournent autour du Soleil ; alors les digressions seront déterminées nécessairement par le rayon de leur orbite. Ces planètes n'entourent pas la Terre.

En résumé, l'orbe de Mercure sera renfermé dans l'orbe de Vénus. Qui nous empêche de rapporter au même centre, Saturne, Jupiter et Mars ? il nous suffira de donner des rayons convenables à leurs orbes, qui embrasseront celui de la Terre. Ces planètes en opposition sont évidemment plus voisines de la Terre qu'en toute autre position et surtout que dans leurs conjonctions, ce qui indique assez que le Soleil est leur centre comme celui de Mercure et de Vénus ; entre ces planètes et Mars, nous placerons l'orbite de la Terre et autour de la Terre l'orbite de la Lune qui ne peut se séparer de la Terre. Nous pouvons donc, ajoute-t-il, déclarer hautement que cette orbite de la Lune et le centre de la Terre tournent en un an autour du Soleil, le long d'une vaste orbite dont le Soleil occupe le centre. Le Soleil sera immobile et toutes les apparences seront expliquées par le mouvement de la Terre. Le rayon de cette orbite, quelque grand qu'il soit, n'est pourtant rien en comparaison de celui des fixes ; ce qu'on nous accordera d'autant plus aisément, que cet intervalle est partagé en une infinité d'orbes particuliers par ceux mêmes qui ont voulu retenir la la Terre au centre. La nature ne fait rien de superflu, rien d'inutile, et sait tirer de nombreux effets d'une cause unique. Tout cela paraîtra difficile et presque incroyable ; mais avec l'aide de Dieu, nous le rendrons plus clair que le soleil, du moins pour ceux qui ne sont pas étrangers aux mathématiques. Ainsi partant de ce principe, le plus probable de tous, que les orbes augmentent en grandeur, quand les révolutions sont plus longues, l'ordre des sphères, à commencer par le haut, sera tel qu'il suit :

« Sur la position la plus élevée, dit-il, se trouve la sphère des étoiles fixes, sphère immobile qui embrasse l'ensemble de l'univers. Parmi les planètes mobiles, la première est *Saturne*, qui a besoin de trente ans pour faire sa révolution. Après elle, *Jupiter* accomplit son chemin dans l'espace de douze ans; suit *Mars*, qui a besoin de deux ans. Dans la quatrième ligne se trouvent la *Terre* et la *Lune*, qui dans l'espace d'une année arrivent à leur point de départ. La cinquième place est occupée par *Vénus*, qui a besoin de neuf mois pour faire sa route. *Mercure* occupe le sixième rang; il a seulement besoin de quatre-vingts jours pour décrire son orbite. Au milieu de tous réside le *Soleil*. Quel est l'homme qui, dans ce temple majestueux pourrait choisir une autre et meilleure place pour ce brillant flambeau qui illumine toutes les planètes avec leurs satellites? Ce n'est pas sans raison qu'on nomme le *Soleil* la lumière du monde, l'âme et la pensée de l'univers. En le plaçant au centre des planètes, comme sur un trône royal, on lui laisse le gouvernement de la grande famille des corps célestes ».

Ce passage est l'un des plus beaux du livre de Copernic, il témoigne plus que nul autre peut-être de la fréquentation des auteurs latins, dans la compagnie desquels se plaisait son esprit distingué, et je ne puis résister au plaisir de le reproduire textuellement. Voici ce remarquable fragment :

« Prima et suprema omnium est stellarum fixarum sphæra, seipsam et omnia continens... Sequitur errantium primus Saturnus, qui 30 anno suum complet circuitum. Post hunc *Jupiter* duodecennali revolutione mobilis. Deinde Mars qui biennio circuit. Quartum in ordine annua revolutio locum obtinet, in quo *Terram* cum orbe *Lunari* tanquam epicyclo contineri diximus. Quinto loco Venus nono mense reducitur. Sextum denique locum Mercurius tenet, octoginta dierum spatio circumcurrens. In medio vero omnium residet *Sol*. Quis enim in hoc pulcherimo templo lampadem hanc in alio vel meliori loco poneret, quam unde totum possit illuminare ? Siquidem non inepte quidam lucernam mundi, alii mentem, alii rectorem vocant, Trimegistus visibilem deum, Sophoclis Electra intuentem omnia. Ita profecto tanquam in solio regali Sol residens circum agentem gubernat astrorum familiam (*)! »

Au milieu réside le Soleil pour qu'il puisse tout éclairer. La Terre est de plus éclairée par la Lune qui tourne autour d'elle. Cet ordre présente une symétrie admirable, une relation de mouvements et de gran-

(*) On reconnaît dans cette belle et éloquente description, comme chez tous les astronomes du XVIIe siècle, les traces d'un long commerce avec l'antiquité classique. Copernic avait en vue les passages suivants : Cicéron *Somnium Scipionis*, c. 4 ; Pline L. II, c. 3 et Mercure Trismégiste L. V (p. 195 et 201, édition de Cracovie, 1586). L'allusion à l'Electre de Sophocle est obscure, car ce n'est pas dans cette pièce que le Soleil est appelé « omnia intuens », mais bien dans l'*Iliade* et dans l'*Odyssée*, ainsi que dans les *Choéphores d'Eschyle* (v. 980), que Copernic n'a pas pu prendre pour l'Electre. D'après une conjecture de Bœckh, l'allusion vient d'un défaut de mémoire ; Copernic se sera rappelé d'une manière vague le vers 869 de l'*Œdipe à Colone* de Sophocle. Il est assez singulier que dans la biographie de Copernic, par Czynski (*Kopernik et ses travaux*, 1847, p. 102), l'*Electre* du tragique grec ait été confondue avec les *courants électriques*. L'auteur a traduit comme il suit le passage cité plus haut : « Si on prend le Soleil pour le flambeau de l'univers, pour son âme, pour son guide ; si Trismégiste le nomme un Dieu, si Sophocle le croit une puissance électrique qui anime et contemple l'ensemble de la création... etc. »

deurs ; Copernic aurait pu ajouter, une simplicité qu'on ne trouve dans aucune autre hypothèse et que personne n'a jamais contestée.

Copernic ajoute à ce résultat un examen comparatif des phénomènes de détail envisagés dans les deux hypothèses. Si la Terre est une planète, elle se transporte, dans l'intervalle de six mois, d'un point de l'orbite au point diamétralement opposé. On a ainsi une base propre à déterminer les distances des diverses planètes à la Terre. C'est de cette manière qu'il obtient par la mesure des angles situés aux deux extrémités de cette base les distances des diverses planètes au Soleil, exprimées en parties des distances de la Terre à ce même astre.

Connaissant les rayons comparatifs de l'orbite de la Terre, de l'orbite de Mars, de l'orbite de Jupiter et de l'orbite de Saturne, connaissant de plus le temps que ces différentes planètes emploient à faire une révolution complète autour du Soleil, Copernic essaie de calculer la vitesse avec laquelle ces planètes se meuvent.

Le résultat de ce calcul fut que la Terre parcourt dans un temps donné plus d'espace que Mars ; Mars plus d'espace que Jupiter, et Jupiter plus d'espace que Saturne. De là se déduisait la conséquence que si les espaces parcourus par la Terre et par Mars sont parallèles comme aux époques des oppositions, Mars doit paraître rétrograder, ou se mouvoir sur la sphère des étoiles, en sens contraire du déplacement réel de la Terre. Une conséquence pareille arrive à plus forte raison pour Jupiter et Saturne.

L'étendue de la rétrogradation et les moments des stations avant et après l'opposition se liaient à cette explication d'une manière admirable et le phénomène qui avait, non sans raison, tant embarrassé l'antiquité, se trouvait ainsi rangé parmi les simples apparences, résultat inévitable du mouvement de translation de la Terre.

C'est, à mon avis, dit Arago, dans cette belle démonstration que réside principalement la découverte de Copernic.

Qu'on remonte par la pensée à l'époque où fut composé l'ouvrage sur les révolutions célestes et l'on s'associera au sentiment d'admiration sans réserve qui a fait dire à Bailly :

« Il faut oublier le mouvement que nous voyons pour croire à celui que nous ne sentons pas. C'est un homme seul, qui ose le proposer, et tout cela pour substituer une certaine vraisemblance de l'esprit sentie par un petit nombre de philosophes, à celle des sens qui entraîne la multitude. Ce n'est pas tout : il fallait détruire un système reçu, approuvé dans les trois parties du monde, et renverser le trône de Ptolémée, qui avait reçu les hommages de quatorze siècles... Un esprit séditieux donne le signal, et la révolution s'opère ! »

Ce chapitre, dit Delambre, surpasse tout ce qu'on avait écrit sur le système du monde ; il assure à son auteur une gloire immortelle. Mais que des réflexions qui paraissent si naturelles et si simples n'aient jamais été faites ou rassemblées, c'est ce qui serait plus étonnant même que la découverte de Copernic, si l'on ne connaissait l'empire des préjugés. Avant Copernic on avait fait tourner Vénus et Mercure autour du Soleil ; pourquoi jamais aucun astronome, aucun philosophe, n'a-t-il étendu cette idée aux trois planètes supérieures ? où était la difficulté ? Mais Hipparque ayant tout à créer, les positions des fixes, l'inégalité du Soleil et celles de la Lune, la trigonométrie, les projections, la théorie des éclipses, celles de la précession, a été trop constamment occupé de ces détails indispensables, pour songer à l'ensemble pour lequel il n'avait pas de données suffisantes, puisque la théorie des planètes était encore dans son enfance. Ptolémée serait moins excusable, puisqu'il a traité expressément cette grande question d'une manière à la vérité peu digne du sujet, et qui doit choquer également et par ce qu'il avance et par ce qu'il supprime. Mais ses travaux pour la Lune et pour les planètes, et sa grande syntaxe mathématique, sont des titres qui empêchent qu'on ne le juge trop sévèrement sur le système qu'il a embrassé et si faiblement défendu. Les hypothèses de ces deux grands astronomes ont été embrassées avec respect par leurs successeurs, qui les ont trouvées suffisantes et ne se sont occupés qu'à refaire quelques-uns de leurs calculs ou quelques-unes de leurs observations, se persuadant trop légèrement qu'il n'y avait plus rien à refaire à l'ensemble, mais seulement quelques détails à perfectionner.

Tel est le premier livre, et, on peut le dire, la partie la plus importante de l'immortel ouvrage sur *les Révolutions des Corps célestes*. Le livre II est, à vrai dire, un traité de géométrie sphérique et de trigonométrie, accompagné de tables astronomiques et d'un catalogue d'étoiles rapportées à l'époque de Copernic, qui n'occupe pas moins de 38 pages. La description des cercles de la sphère céleste, des latitudes et longitudes, ascensions droites et déclinaisons, ne sont pas des éléments indispensables à tout traité d'astronomie théorique et pratique. Il n'y a là aucune considération scientifique ou philosophique qui soit particulière à l'œuvre de la rénovation du système du monde.

Il n'en est pas de même du troisième livre. Comme

l'a écrit Sniadecki, il représente le dépôt des plus belles découvertes dont la sagacité humaine puisse s'honorer. Quand on rapproche les idées heureuses et originales consignées dans ce livre de l'état actuel de l'astronomie, on n'y peut méconnaître un génie transcendant, dont le regard perçant sonde en quelque sorte tout l'abîme de l'éternité, parce qu'il a deviné les succès des générations futures dans la recherche la plus difficile et la plus délicate; parce qu'il annonce avec confiance les inégalités légères dans les mouvements célestes dont les progrès lents ne se manifestent qu'avec les siècles; parce qu'enfin il est parvenu à déterminer la cause de tous ces mouvements apparents.

L'explication du mouvement annuel de la Terre faisant l'objet de ce livre, il fallait discuter et reconnaître tous les points de la route que notre planète décrit autour du Soleil; il fallait déterminer avec précision la période de cette révolution, ou la longueur de l'année; expliquer toutes les variations dans la vitesse de ce mouvement, examiner l'inclinaison de l'orbite terrestre à l'équateur et les points d'intersection où ces deux cercles se coupent, appelés *points équinoxiaux*. La position de ces points est un des éléments les plus essentiels du calcul astronomique et civil. De leur lieu dépendent l'ordre et le retour périodique des saisons, la position des différents corps célestes, et l'on peut dire que tout l'ensemble des connaissances astronomiques tient à la détermination rigoureuse de ces points. Il s'agit donc, dans une recherche de si haute importance, d'asseoir un des premiers fondements de la science et du calcul. Les observations les plus anciennes et la sagacité la plus capable de démêler la simplicité des causes, dans la complication des effets accumulés, étaient les seuls guides sûrs auxquels on pouvait s'abandonner dans cette recherche.

Copernic, en partant dès l'an 294 avant l'ère chrétienne parcourt et discute les observations d'une même étoile, l'Épi de la Vierge, commencées par Timocharis, un des premiers astronomes de l'école d'Alexandrie, continuées successivement par Hipparque, Ptolémée, Albategnius et par lui-même à Frauenbourg, renfermant un intervalle de 1819 années. Il s'assure par leurs résultats, que les étoiles fixes, conservant la même distance à l'écliptique, varient dans leurs longitudes ou leur éloignement des points équinoxiaux ; et comme ces étoiles ne changent point de position entre elles, il en conclut que leur changement en longitude n'est pas l'effet de leur propre mouvement, mais celui de la rétrogradation de l'orient en occident des points équinoxiaux, connue en astronomie sous le nom de précession des équinoxes. Combinant ensuite les observations d'Aristarque de Samos, de Ptolémée, et des Arabes sur l'inclinaison de l'écliptique à l'équateur, avec celles qu'il avait faites lui-même pendant trente ans, il en déduit un changement dans cette inclinaison : ainsi, par le rapprochement de toutes ces observations, Copernic constate deux phénomènes importants, le premier, remarqué d'abord par Hipparque, et vérifié ensuite par tous les astronomes ultérieurs, que les points équinoxiaux ont un mouvement rétrograde ; le second, dont il ne partage la découverte avec personne, que ce mouvement des points équinoxiaux est inégal, et que l'obliquité de l'écliptique est sujette à des variations périodiques. Il n'entre pas dans notre objet de le suivre dans son calcul, pour apprécier tous ces changements et leurs retours.

Mais lorsqu'il s'agissait d'assigner la vraie cause de

ces phénomènes, tous les précurseurs de Copernic s'embarrassaient et se perdaient dans l'attirail compliqué de cercles et de sphères qui multipliaient les difficultés avec les explications. C'était un échafaudage de l'esprit livré aux conjectures trompeuses, et s'épuisant en suppositions désavouées par la vérité. Copernic brisa cette charpente grossière, et y substitua le mécanisme simple et délicat tiré du mouvement de l'axe de la Terre. Voici le précis de ces vues développées dans le troisième chapitre de ce livre.

Copernic y pose en principe que l'axe de la Terre, quoique regardé comme parallèle à lui-même pour l'explication des saisons, se trouve assujetti à deux mouvements d'une lenteur extrême : que d'abord l'extrémité de cet axe ou le pôle du monde tourne insensiblement autour de celui de l'écliptique d'orient en occident dans une période d'environ vingt-six mille ans (25 870); et comme le mouvement de l'axe entraîne nécessairement celui de l'équateur, les points équinoxiaux, glissant sur l'écliptique, rétrogradent annuellement d'un arc d'environ cinquante secondes; qu'en second lieu, cet axe se balançant comme un levier qui oscille dans son mouvement infiniment lent, tantôt s'élève, tantôt s'abaisse vers l'écliptique; et comme encore l'inclinaison des axes règle celle des cercles et de leurs plans, il s'ensuit que le balancement de l'axe de la Terre apporte une altération nécessaire dans l'inclinaison de l'équateur à l'écliptique : d'où il résulte que la rétrogradation des points équinoxiaux et tous les changements dans la position des étoiles dérivent de deux mouvements auxquels l'axe de notre globe est, comme nous venons de le voir, assujetti dans la révolution annuelle ; que ces deux mouvements sont tellement dépendants l'un de l'autre, qu'ils influent mutuellement sur leur accélération et leur retard respectifs, qu'enfin les inégalités légères qui les affectent sont périodiques, ayant une limite marquée qu'elles ne sauraient franchir, et où elles se renouvellent. D'où il suit que notre planète a toujours eu à peu près les mêmes saisons, que l'équateur et l'écliptique n'ont jamais été confondus, et que ceux qui se basent sur cette idée pour expliquer les révolutions du globe passées ou futures sont dans l'erreur.

Pour établir son système, Copernic avait tout à créer. On ne sera donc pas surpris, si, dans les détails de l'explication du système du monde, il se trouva conduit parfois à des résultats erronés. Accordant aux orbites planétaires la forme circulaire, au lieu de la forme elliptique qui leur appartient, il devait se trouver en désaccord, sur plusieurs points, avec les résultats de l'observation. Pour échapper à ces vicieuses conséquences, il fut obligé d'en revenir aux anciennes conceptions de Ptolémée, et d'admettre des épicycles pour certaines planètes. Il ne pouvait tout construire en même temps. Pour élever son édifice nouveau il était obligé d'emprunter les vieux matériaux des monuments de l'antiquité. Dans le siècle de ce grand homme, les vraies idées de mécanique, surtout pour ce qui a rapport aux mouvements des corps, étaient très peu avancées. Copernic croyait à une liaison entre les mouvements de circulation et de rotation. Il assimilait le mouvement de translation de la Terre autour du Soleil à celui qui s'opérerait si la Terre était invariablement attachée à l'extrémité d'un rayon solide joignant le centre du Soleil et celui de notre globe. De là la conséquence qu'en vertu du mouvement annuel ou de translation, la Terre aurait toujours présenté la même face au Soleil comme si elle lui avait été rattachée par une tringle de fer, et que les divers diamètres de la Terre auraient été successivement dirigés vers différents points de l'espace. Cependant on ne se rend compte du mouvement de révolution apparent du ciel, à l'aide du mouvement de rotation de la Terre autour d'un de ses axes, qu'en supposant que cet axe est toujours parallèle à lui-même, ou que prolongé il passe toujours par les mêmes étoiles. C'est pour satisfaire à cette condition, indispensable à l'explication des phénomènes du mouvement diurne et des phénomènes des saisons, que Copernic donnait à la Terre ce qu'il appelait un troisième mouvement, en vertu duquel l'axe de rotation était ramené au parallélisme dont le mouvement de translation l'avait écarté ; mais la dépendance que le grand astronome de Thorn établissait entre le mouvement de rotation et le mouvement de translation d'un corps était purement imaginaire, comme Képler et Galilée le montrèrent plus tard.

La Terre circule autour du Soleil en restant toujours parallèle à elle-même, et le troisième mouvement inventé par Copernic, supposition qui compliquait considérablement son système, est devenu entièrement inutile.

Il faut remarquer toutefois que ce mouvement conduisait à une explication très simple de la précession des équinoxes, c'est-à-dire de ce mouvement général de 50 secondes par an, auquel toutes les étoiles participent et qui s'exécute parallèlement au plan de l'écliptique. On rendait compte de ce déplacement, en supposant que le troisième mouvement de l'axe ne rétablissait pas son parallélisme mathématiquement, et que, lorsqu'une année était révolue, il s'en fallait de 50 secondes que l'axe fût revenu à sa position primitive.

Copernic, qui dans son ouvrage avait la hardiesse

de saper jusque dans leurs fondements les bases de l'astronomie des Hipparque et des Ptolémée, n'osait pas élever le moindre doute sur l'exactitude de leurs observations. Ces observations, Ptolémée les avait expliquées par des excentriques et des épicycles; Copernic eut recours aux mêmes hypothèses pour rendre compte des mouvements irréguliers du Soleil, des planètes, comme aussi de certaines variations imaginaires dans la précession des équinoxes et dans l'obliquité de l'écliptique. Tout cet échafaudage n'a disparu qu'à la suite des travaux de Képler. C'est à dater de ce grand homme que le système de Copernic a été débarrassé des complications qui le déparaient encore, et qu'il est devenu l'expression simple, claire, géométrique, des lois de la nature.

Le livre IV est entièrement consacré à l'analyse des mouvements de la lune, et nous n'avons pas à nous en occuper ici, car il ne renferme que des détails d'astronomie pratique de l'époque.

Le cinquième livre de l'ouvrage *De Revolutionibus*, expose et établit les mouvements des cinq planètes alors connues, Mercure, Vénus, Mars, Jupiter et Saturne. Mais ces explications, fondées en partie sur le rouage compliqué des épicycles, des excentriques, des déférents, dont son esprit ne pouvait se débarrasser tout d'un coup, manquent nécessairement d'exactitude et de clarté. Il a amélioré la théorie de la lune; il a indiqué une combinaison plus facile et plus simple, pour calculer sa double inégalité ; il a fait une correction importante dans l'évaluation des distances, des parallaxes et des diamètres. Les deux inégalités qu'on remarque, en général, dans les planètes, sont produites, selon lui : la première, par le mouvement de la Terre ; la seconde par le mouvement qui est propre à chaque planète, etc.

C'est donc au point de vue des grandes idées générales et non à celui des détails, qu'il se faut placer pour juger, comme il doit l'être, le génie de Copernic. Sans lui Képler, Galilée, Newton et les astronomes modernes n'auraient pu émettre leurs vues scientifiques. C'est lui, qui par ses idées sur l'*attraction*, fit éclore plus tard dans l'esprit de Newton la gravitation universelle.

« Je pense, dit-il, que la pesanteur est une tendance que l'Auteur de la nature a imprimée à toutes les parties de la matière pour s'unir et se former en masse, etc. (Voir plus haut, p. 220.)

De là à la gravitation universelle, telle que la conçût Newton, il n'y avait qu'un pas.

Telles sont les pages fondamentales de l'almageste moderne, qui devait renouveler le système du monde. Le livre VI, qui termine le volume, est consacré à la question des latitudes, et n'a pas d'importance philosophique pour nous.

La crainte d'exciter les censures de l'Église fit repousser, par l'ensemble des savants, le livre de Copernic. La première édition n'avait été tirée qu'à un petit nombre d'exemplaires, et il y en eut sans doute beaucoup de détruits après la sentence de l'Inquisition. On en imprima une seconde édition à Bâle en 1556 ; une troisième à Amsterdam, en 1617. Celle-ci, faite 75 ans après la mort de l'auteur, comme il est dit sur le titre, est exempte des fautes d'impression des deux premières, et est typographiquement beaucoup plus soignée. Son savant éditeur, Nicolas Muller, l'a précédée d'un petit frontispice sur lequel on voit une main tenant une balance dont le plateau droit porte le globe terrestre et le gauche le globe céleste. Celui-ci l'emporte, et l'éditeur a eu soin de le faire doublement remarquer en inscrivant au-dessous le mot *præstat*. Cette édition a pour titre : « *Nicolai Copernici Torinensis*, ASTRONOMIA INSTAURATA ; libris sex comprehensa, qui de Revolutionibus orbium cœlestium inscribuntur ». Nous reproduisons ici,

Le Ciel l'emporte sur la Terre.
(Fac-simile du frontispice du livre de Copernic).

comme curiosité historique, ce frontispice parlant.

Le livre de Copernic a été imprimé cinq fois. La première édition, en latin, est celle que Copernic lui-même a fait faire à Nuremberg en 1543. La seconde également en latin, et identique à la première, est celle qui fut imprimée à Bâle en 1556. La troisième est celle de Muller, dont nous venons de parler (Amsterdam, 1617). Elle a été réimprimée dans la même ville en 1640. La cinquième, est un magnifique in-quarto, en latin et en polonais, publié dans notre siècle (1854) à Varsovie, par les soins de M. Baranowski, Directeur de l'Observatoire de Varsovie.

Tel est l'ouvrage du rénovateur du système du monde, résumé brièvement et présenté dans ses arguments fondamentaux. Les développements théoriques et les tables et catalogues qui l'enrichissent en ont fait pendant plusieurs siècles le meilleur traité d'astronomie pratique. Il restera, dans tous les siècles à venir, comme le monument le plus glorieux de l'histoire de l'astronomie et comme l'un des témoignages les plus élevés de la puissance transcendante de l'esprit humain. Il était utile de compléter par lui la biographie scientifique de l'immortel astronome.

FIN

TABLE DES MATIÈRES

CHAPITRE I. — ÉTAT DE L'ASTRONOMIE ET DES SCIENCES EN GÉNÉRAL A L'ÉPOQUE DE COPERNIC

Premières idées de l'humanité sur la situation de la Terre et sur le Ciel. — Astronomie des anciens. — Système de Ptolémée. — Complication progressive du système jusqu'à Copernic. — Les astronomes du XVᵉ siècle. 9

CHAPITRE II. — NAISSANCE DE COPERNIC

Sa famille. — Son enfance. — Ses goûts. — Son éducation. — Influence des premières années sur la vie. — Valeur personnelle des hommes. 32

CHAPITRE III. — JEUNESSE DE COPERNIC

Étudiant en médecine à Cracovie. — Sa vocation astronomique se décide. — Son voyage à Rome et son séjour en Italie. — Premières recherches astronomiques. — Le Travail. 50

CHAPITRE IV. — COPERNIC CHANOINE, MÉDECIN ET ASTRONOME

Il se fait prêtre à son retour à Cracovie. — Il est nommé chanoine à Frauenbourg. — Ses occupations favorites. — Luttes contre l'ordre teutonique. — Réforme des monnaies. — Réforme du calendrier. — Portrait de Copernic . . . 65

CHAPITRE V. — TRAVAUX ASTRONOMIQUES DE COPERNIC

Conséquence de la découverte de l'Amérique. — Sphéricité de la Terre prouvée. — Etude sur son mouvement de rotation : incohérences du système de l'immobilité. — Etudes sur sa position dans le système planétaire. — Observations astronomiques avant l'invention des lunettes. 85

CHAPITRE VI. — PUBLICATION DU LIVRE DE COPERNIC

Lenteur et profondeur des travaux de Copernic. — Son indifférence pour la gloire. Ses hésitations. — Il se décide enfin à publier son livre, et le dédie au pape 111

CHAPITRE VII. — LE VÉRITABLE SYSTÈME DU MONDE AVAIT ÉTÉ DEVINÉ AVANT COPERNIC

Conjectures des anciens sur la possibilité du mouvement de la Terre. — Hypothèses pythagoriciennes. — Discussion de la rotation et de la translation faite par Aristote et Ptolémée eux-mêmes. — Récits de Platon, Cicéron, Plutarque, etc. 129

CHAPITRE VIII. — CE QUI APPARTIENT A COPERNIC, DANS L'ÉTABLISSEMENT DU VÉRITABLE SYSTÈME DU MONDE

Travaux personnels de l'astronome polonais. — Observations et recherches. — Preuves du mouvement de la Terre. — Reconstitution de l'astronomie. — Légitime reconnaissance de la postérité. 155

CHAPITRE IX. — MORT DE COPERNIC

Son tombeau. — Ses reliques. — Sa mémoire 185

CHAPITRE X. — LA SUCCESSION ET LES SUCCESSEURS DE COPERNIC

Tycho-Brahé, — Mœstlin, — Galilée, — Képler, — Newton. Confirmation constante du système, et progrès de l'astronomie moderne. 201

Traduction résumée de l'ouvrage de Copernic. 225

PARIS. — IMP. C. MARPON ET E. FLAMMARION, RUE RACINE, 26.

AVIS DE L'ÉDITEUR

Le but de la collection des *Auteurs célèbres*, à **60** *centimes* le volume, est de mettre entre toutes les mains de bonnes éditions des meilleurs écrivains modernes et contemporains.

Sous un format commode et pouvant en même temps tenir une belle place dans toute bibliothèque, il paraît chaque quinzaine un volume.

CHAQUE OUVRAGE EST COMPLET EN UN VOLUME

POUR LES Nos 1 A 190, DEMANDER LE CATALOGUE SPÉCIAL

191. PIERRE BRÉTIGNY, **La Petite Gabi.**
192. ALEXANDRE DUMAS, **Les Massacres du Midi.**
193. RENÉ DE PONT-JEST, **Divorcée.**
194. P. GINISTY, **La Seconde Nuit** (roman bouffe). Préface par ARMAND SILVESTRE.
195. PIERRE MAËL, **Pilleur d'Epaves** (mœurs maritimes).
196. CATULLE MENDÈS, **Jupe Courte.**
197. NIKOLAÏ GOGOL, **Tarass Boulba.**
198. CH. CHINCHOLLE, **Le Vieux Général.**
199. PIERRE NEWSKY (DE CORVIN), **Le Fauteuil Fatal.**
200. LOUIS JACOLLIOT, **Les Chasseurs d'Esclaves.**
201. CAMILLE FLAMMARION, **Copernic et le système du monde.**
202. Mme DE LA FAYETTE, **La princesse de Clèves.**
203. ADOLPHE BELOT, **Dacolard et Lubin.**
204. D. PEDRO A. DE ALARCON (de la R. Académie espagnole), **Un Tricorne.** Traduit, avec l'autorisation de l'auteur, par *Max Deleyne*.
205. LOUIS NOIR, **Un Tueur de Lions.**
206. ALFRED SIRVEN, **La Linda.**
207. CH. DICKENS, WILKIE COLLINS, G. A. SALA, E. C. GASKELL, HESBA SHETTON et ADÉLAÏDE PROCTER, **La Maison hantée** (Contes de Noël).

En jolie reliure spéciale à la collection, 1 fr. le volume.

(ENVOI FRANCO CONTRE MANDAT OU TIMBRES-POSTE)

PARIS. — IMP. MARPON ET FLAMMARION, RUE RACINE, 26.

www.ingramcontent.com/pod-product-compliance
Ingram Content Group UK Ltd.
Pitfield, Milton Keynes, MK11 3LW, UK
UKHW021101230726
13926UKWH00004B/1971

9 782019 147747